0〜3歳の成長と発達にフィット

赤ちゃんの未来をよりよくする育て方

脳神経外科医
菅原道仁
Michihito Sugawara

すばる舎リンケージ

はじめに

生まれてきたわが子に、幸せな未来を用意してあげたい！

生まれたばかりの赤ちゃんを見て、誰もが健やかに育ってほしいと願いを込めます。

元気に生まれてきてくれただけで十分。このまま病気をしないで大きくなってくれさえすればいい……。

しかし、赤ちゃんの成長とともに親の期待はふくらんでいきます。

できれば、頭がよく、賢く、勉強が得意な子になってほしい。

何か一つでいいから、抜きん出た才能を見つけてそれを大いに伸ばしてほしい。

赤ちゃんの未来を想像するのはとても楽しいひとときです。

赤ちゃんが持つ可能性をなるべくたくさん引き出してあげるために、**「何をすればいいのか」**、あるいは**「何をしてはいけないのか」**は、親にとって大きな関心事です。

その一方で「うちの子は苦労するかも。私も勉強は苦手だったし」「〇〇さんのお宅とは、遺伝子が違うから……」と心配をする人もいます。

たしかに「わが子の未来が遺伝子のみで決まってしまう」のであれば、両親としてはせつない気持ちになるし、自責の念にかられます。

しかし、その心配は無用です。

赤ちゃんの能力は最初から決まり切ったものではありません。

親のふだんの接し方で、伸ばしてあげられる余地、引き出してあげられる余地は、とても大きいのです。

人生で良いスタートを切らせるための考え方

世の中は「才能がある子」と「才能がない子」の2種類ではありません。基本的に能力は培っていくものですし、赤ちゃんのときは自分で努力はできないので、親がどんなふうに関わっているかで違いが出てきます。

のちのちたくましく育つのは、幼いときからお母さんやお父さんにしっかりと土台をつくってもらってきた子です。 私は、赤ちゃんが将来幸せに生きていくために培ってあげるべき土台は、次の3つだと考えています。

・身体ができていること
・考え抜ける力があること
・社会や周りの人とうまくやっていけること

以前、海外の病院で少しの間働いていたことがあるのですが、出身国に関わらず有能な人はみんなこの3つの能力に長けていました。

この3つの能力がある人は、どんな環境でも結果を出していける。言葉や文化、価値観が違う社会に放り込まれても、柔軟に自分を発揮して生きていくことができます。

こうした能力は大人になってからでも身につけていくことができますが、それには大変な努力をともないます。また、大人になっていく過程において、余計な劣等感を抱いて自信を失ってしまうこともあるかもしれません。

ですから、赤ちゃんのころに、この3つの土台につながるインプットをいかにをしてあげるかが、とても重要だと思っています。

3歳までに何をどんなタイミングでやればいいのか

子どもは、3歳以前と3歳以後で大きく違ってきます。それは、子ども自身が自分の言葉で意思の疎通ができるようになるタイミングだからです。

本書では、まだ言葉や記憶力の獲得が不安定な3歳までの赤ちゃんについて、私がこれまで調査してきたこと、そして実際に親となって検証してきたことを中心に、お母さんやお父さんが、赤ちゃんに何をどんなタイミングでやってあげるべきなのか、具体的に紹介していきます。

・物怖じしにくい子になるには？
・早寝早起きの習慣をつけるには？
・読み聞かせはいつ始める？
・身長の伸びで気をつけることは？
・どんなおもちゃが脳にいいの？
・しつけのタイミングは？
・運動神経を鍛えるには？

こうした日常的なことがらの一つひとつを踏まえておくことで、赤ちゃんの脳と身体の成長に良い影響があるのです。

今では、脳科学や医学の進歩により、親の赤ちゃんへの接し方が、赤ちゃんの成長にどのような影響を与えるのか、だんだんとわかってきました。

本書ではその助けも借りながら、親御さんたちの赤ちゃんに対する「期待」に寄り添い、「心配」を減らしていくために、0〜3歳の赤ちゃんにしてあげたいことを提案していきます。

先に挙げた3つの能力を、日々の生活のなかで養っていくポイントを、具体的に紹介するのが本書の趣旨です。

完璧な親はいない。勘所だけ知っておこう

私が子どもを授かったのは、46歳になる3日前のことでした。日本人の晩婚・晩産が言われて久しいですが、それでも遅いほうだと思います。

私は医者なので赤ちゃんや育児についての基本的な知識はありましたが、いざ育てる立場になると感情が入ってしまい、うまくいかないこともしょっちゅうです。

そこに子育ての楽しさと難しさがあるわけで、経験して腑に落ちることも多々ありました。

また、私は脳神経外科が専門なのですが、救急医療の現場には子どもたちもたくさんやってきます。きちんと椅子に座って待っていられる子、病院の廊下を走り回る子、痛いのを懸命に我慢している子、自分の言葉で症状を説明できる子など、彼らの落ち着きや話す力などのレベルはさまざまです。

なかには驚くほど頭のいい子たちもいて、彼らがどういう育ち方、親がどのようにしてきたのかに深い関心をよせて来ました。

そして、この分野に関する専門知識をもった友人たちと、子どもたちの可能性を引き出すことを目的とした知育協会を立ち上げたのが2013年のことです。

その後、実際に親になり、赤ちゃんが育っていくなかで、すごいスピードで獲得していくもの、そしてうまくいかないことを目の当たりにしています。

子どもの赤ちゃん期は、本当に貴重です。

とはいえ、現実的なことを言えば、赤ちゃんほど手のかかる生き物はいないわけで、「日常のお世話で精一杯。これ以上、頑張るなんてとてもムリ……」

という方もたくさんいらっしゃると思います。

その点は、ご心配なく。あくまで日常生活にそった注意点や提案であって、特別に手間・ヒマ・お金がかかるようなことはありません。

どうぞ肩の力を抜いて取り組んでいただきたいと思います。

第1章

赤ちゃんの成長にいちばん大切なこと
——たっぷりの愛情と日々の刺激が基礎になる

第2章

3歳までの身体を強くする習慣づけとは？
——「眠る」「動く」「食べる」の具体的なやり方

第3章

はっ！とした瞬間に頭が良くなる

——「興味があること」「嬉しいこと」がどんどん定着していく

第4章

赤ちゃんの自己主張に振り回されないコツ

――怖がり、聞きたがり、イヤイヤ…どう受け止める？

ブックデザイン 大場君人
イラスト まえだゆずこ

第1章

赤ちゃんの成長に いちばん大切なこと

たっぷりの愛情と 日々の刺激が基礎になる

赤ちゃんのときに、親がしてあげられることとは？

わが子が幸せになるための3つの土台

わが子の将来を考えたときに、「**身体ができている**」「**考え抜ける力がある**」「**社会や周りの人とうまくやっていける**」という3つの土台が育っていると安心です。

この3つの土台ができていれば、世の中がどんなふうに変わろうと、柔軟に適応して幸せに生きていける可能性が高まります。

一つずつ、説明していきましょう。

「身体ができている」とは、健康で、日常生活に困らない以上の体力と筋力があることです。スポーツはもちろん、勉強や遊び、仕事でも、身体ができていなくては本領を発揮できません。集中力やねばり強さといった精神面の強度も、体力に支えられている部分は大きいのです。

「考え抜ける力がある」とは、未知の状況でも自分なりにどうすればいいか考えて、具体的に行動していけることです。「新しいことにチャレンジして最善を尽くす」「悩んだときに納得のいく答えを導き出す」といったことには、ささいなことでも「思考と行動」の訓練を積み重ねていくことが必要です。

「社会や周りの人とうまくやっていける」とは、社会やコミュニティから排除されない倫理観や常識があることと、人間関係でつまずかないコミュニケーション能力があることです。どこに行っても自分の居場所をつくっていくために必須の能力です。

親の接し方がダイレクトに反映される

これらの能力は大人になるにつれて身につけていく部分もありますが、基本的には、赤ちゃんのころからお母さんやお父さんがどのような接し方をしてきたかが大きなウェイトを占めています。

ふだんの運動量や、出会う刺激の質、親とどのようなコミュニケーションスタイルをとってきたかということが、ダイレクトに反映されるからです。

3歳前後までの赤ちゃんが吸収できることは、外部から与えられる刺激次第なところがあります。脳も身体もぐんぐん成長している時期ですから、良い影響を与えられれば与えられるほど、身体は強くなりますし、自分なりに考えたり、周りと関わろうとする意欲が増すのです。

逆に、刺激が少なければ、体力や筋力がつきづらく、見たい知りたいといった好奇心が育ちづらく、コミュニケーションをとるための語彙も増えづらいといったことが起こります。

もちろん、赤ちゃんの成長は個人差が大きいので、目に見える形で差がつくのは少し先の話です。

言葉を発するのが普通より大分遅くなったとしても、それまでに十分な刺激を与えられていれば、3歳ごろから一気に言語能力が開花することもあります（不安な点があれば、検診や予防接種のときに担当の医師や看護師さんに気軽に聞いてみるといいでしょう）。

できるだけ良いスタートを切らせてあげることで、自然と自信をもつことができるし、そこから先の成長をスムーズに促してあげることができます。

もちろん、子どもにはそれぞれ個性があります。

その個性が、本人の人生にとってプラスに働くように引き出してあげるためにも、この3つの土台を赤ちゃんのころからつくってあげることが重要なのです。

本書では、それを脳の専門家の立場からお伝えしていきたいと考えています。

赤ちゃんの成長は身体ファースト

まず、3歳までの成長の順番を知ろう

「身体ができている」「考え抜ける力がある」「社会や周りの人とうまくやっていける」という能力は、脳が発達するほど身につける条件が整ってきます。

赤ちゃんの脳は、次のように働きが活発になる順番があります。

◎生命を維持する機能（0〜1歳）

↓

◎知性を身につける機能（1歳前後）

←

◎周りの人と関わろうとする機能（3歳前後）

詳しく見ていきましょう。

【0～1歳】

生物として生き残ることで精一杯の時期ですから、身体を成長させるのに必要な機能が、優先的に働くようになっています。

赤ちゃんの脳は、おっぱいを飲んだり、眠ったり、泣いてお母さんを呼んだり、生命を維持することに大部分集中している状態ですが、赤ちゃんなりに身動きをしているので、その刺激が脳の発達を促しています。

【1歳前後】

身の周りのことを知りたいという欲求が顕著になってきます。

自分で歩けるようになり、より広範囲に刺激を求めます。

運動量が増え、言葉の理解力も上がり、脳へのインプット量も増加し、自己主張ができるようになってきます。

【3歳前後】

お友達と遊ぶことができるようになります。

2歳ごろまでは、お友達と一緒にいても、それぞれが一人遊びをしているという状況だったのが、少しずつ人付き合いのルールのようなものを実地で身につけ出します。

自分中心のものの見方から、「他人」の気持ちを推測できるようになってきます。

0歳からたくさん話しかけるべき理由

こうした傾向は、赤ちゃんの成長にしたがって表面に出て来るものですが、個々の赤ちゃんに目を向けると、お母さんやお父さんとの接し方から受けている影響が多分にあります。

たとえば「言葉がわからない0歳の赤ちゃんに話しかけてもムダ」ということでは

なく、0歳のころからお母さんやお父さんが愛情をもって話しかけているからこそ、1歳くらいになると身の周りのことへの好奇心が旺盛になるし、3歳ごろになると「他人」の存在を気にかけるようになるのです。

「身体ができている」「考え抜ける力がある」「社会や周りの人とうまくやっていける」という3つの土台をつくっていくためには、根気よく赤ちゃんと向き合っていくことが必要なのです。

見てわかるひとり立ちまでの目安

参考までに、生まれたばかりの状態か

ら1歳まで、赤ちゃんがどんなふうに成長していくのか、私が学生時代に覚えた語呂合わせを紹介しましょう。

1歳までのお子さんの成長の目安として全体像をつかんでおくと、本書の内容もわかりやすくなると思います。

綾を解く願い通すは捕まった人

「**あやおとく　ねがひとおすは　つかまつたひと**」と読みます。

あや↓あやすと笑う（2ヵ月）
おと↓音に反応する（3ヵ月）
く↓首がすわる（4ヵ月）
ねが↓寝返りができる（5ヵ月）
ひと↓人見知りする（6ヵ月）
おす↓おすわりができる（7ヵ月）
は↓ハイハイできる（8ヵ月）

つかま→つかまり立ちする（9ヵ月）
つた→つたい歩きする（10ヵ月）
ひと→ひとり立ちできる（12ヵ月）

赤ちゃんは、個性がそれぞれですから、この通りに成長しないことのほうが多いでしょう。

早く首がすわる赤ちゃんもいれば、なかなか歩きはじめることができない赤ちゃんもいます。

「わが子は成長が遅いのではないか⁉」といった心配はご無用。

早くできたからと言って、ゆくゆく何らかの成功をするとは限りません。あせらず、あくまでも目安として考えていただければと思います。

赤ちゃんは1ヵ月健診や3ヵ月健診、予防接種など医療機関を受診する機会が多いと思います。気になる点はこのような機会を利用して、医師や看護師に問い合わせてみてもいいでしょう。

赤ちゃんは、筋肉を使うほど頭が良くなる

身体を動かすことは脳を育てること

生まれたばかりであっても、赤ちゃんは、**五感（視覚・聴覚・触覚・嗅覚・味覚）**を通じて、さまざまなことを感じとろうとしています。

もちろん、まだ言葉もわからないし、ものごとを記憶する力もありません。

では、頭蓋骨のなかに入っている脳はどうやって情報をとらえているのでしょうか。

それは、赤ちゃんが、見たり、聞いたり、さわったり、匂いをかいだり、なめてみたりしたときの感覚をインプットしているのです。

入ってきた情報をもとに身体を動かすことが脳を育てます。

しゃべるのも歩くのも身体ファースト

私たちの脳内には、見たり聞いたりして得た情報を処理するために、たくさんの神経細胞があります。

数としては生後間もなくが最大で、五感に関わりの深い大脳皮質の神経細胞は140億個くらいと推測されています(それから3歳までにどんどん減っていきます)。

赤ちゃんの神経細胞の数は大人よりもたくさんあるのに、赤ちゃんはしゃべったり歩いたり文字を書いたりすることはできません。

その理由は、神経細胞同士がつながっておらず、連携がまったくないからです。

でも、赤ちゃんが、五感を使って筋肉を動かした結果、脳に身体からのインプットが増えると、脳内に「シナプス」がたくさんできます。

シナプスとは、脳内の神経細胞と神経細胞の間で情報の橋渡しをする「つなぎ目」のことです。

このつなぎ目が多いほど、赤ちゃんの脳はネットワークが発達しているのです。

神経細胞のネットワークが増えることで、「まんま」と声を発したり、首がすわるようになったり、つたい歩きをしはじめたり、さまざまな能力を身につけていきます。

0歳の赤ちゃんは筋肉を動かすほど頭が良くなる、「身体ファースト」なのです。

脳は経験の量と傾向でカスタマイズされる

シナプスは、赤ちゃんの経験量や経験の傾向に応じて、生後6ヵ月くらいまでの間にすごい勢いで増え、1歳くらいに最大になります。

その後は、整理整頓され、脳のネットワークは効率良く働きはじめます。

整理整頓とは、いったんできたもののあまり使われないシナプスは減っていき、何度も同じ経験（刺激）を繰り返して強化されたシナプスは、残っていくということです（厳密には、1歳以降大人になってもシナプスは増え続けますが、増える以上に減っていく数のほうが多いため、総量としては減る一方となります）。

ですから、**赤ちゃんが生まれたときからやっていること、クセや習慣になっていること、あるいは赤ちゃんが好むことに関係しているシナプスが残りやすい**わけです。

脳は、私たちが生まれたときの身体に合わせて形成されていきます。

もし、私たちの腕が興福寺の阿修羅像のように6本あったら、ムカデのようにたくさんの足があったら、象のように長い鼻があったら、それを自在に動かすことができるのが私たちの脳です。

脳は、身体から受ける刺激の量や傾向によって、その人にあった仕様にカスタマイズされていきます。

脳が身体を支配しているわけではありません。

身体があるから、それに合わせて脳の仕組みができていくと言えるでしょう。

気持ち良い刺激をたっぷり与えよう

習い事をしなくてもチャンスはたくさん！

赤ちゃんは、目や鼻などの感覚器を使って、さまざまな外界の情報を得ています。

その主な感覚は五感と言われ、嗅覚・聴覚・視覚・味覚・触覚です。

その五感がきっかけとなり、脳へのインプットにつながるわけです。

では、赤ちゃんに、具体的にどんな刺激を与えてあげたらいいのでしょうか。

「何か、習い事をさせたほうがいいの？」

「英語の早期教育とかあるのよね？」

たしかに、そういう方法もあります。

でも、基本的には、日常生活にある刺激を大事にしていくことが大切です。

ふだん赤ちゃんと一緒にすごすなかで、十分、いろんな経験をさせてあげることはできますから、そういったチャンスを見逃さないようにしてください。

〈感じる刺激〉ごはんの匂い、そよぐ風、エンジン音など

私たち大人は、8割くらいの感覚を視覚に頼っており、その他の感覚をあんまり自覚していません。

朝起きたときに、窓の外の鳥の鳴き声を聞いたり、窓に打ち付ける雨音を聞いたり、朝ごはんの匂いを感じたりということを、ふだん意識していますか?

家庭内だけではなく、外に目を向けると、さまざまな刺激があるのに気づきます。

太陽の光、草木の匂い、車のエンジン音、そしてそよぐ風……。

これらは、ちょっと外に出れば、あるいは、家にいても窓辺に近づけば感じられるものです。

ぬいぐるみやビニール、ウェットティッシュなど、直にさわることのできるものも、

脳に良い刺激を与えます。

赤ちゃんにはこうした小さな刺激の一つひとつが、発見であり驚きなので、なるべく幅広い刺激を感じられるようにしてあげましょう。


わが家ではエアコンだけに頼らず、寒いときには厚着をさせ、暑いときには薄着をさせて調整することを心がけていました。ときどきエアコンを切って夏の暑さを感じさせたり、冬になったら雪に触らせたりもしました。

あまりに温室育ちになるのも成長に良くない気がしたので、季節を感じさせることを意識しました。

風邪を引いたり熱中症になったりしては本末転倒ですが、昔はエアコンなんかなかったわけですから、適度に刺激を与える意味があると思っています。

〈行動の刺激〉食べる、眠る、規則正しい生活

日常のお世話においては、不快な刺激を避け、楽しく気持ちいい刺激を繰り返し与

えることが重要です。赤ちゃんにとって良い効果があるのは、気持ちのいい毛布にくるまり、お母さんの子守唄で寝るような、安心感のある刺激です。

逆に、おむつにおしっこをためたような不快な刺激は、ストレスとなります。

ストレスは脳の働きを鈍くしますので、おむつは早めに取り替えましょう。

また、**繰り返しの刺激ほど強化されて身につきやすいので、規則正しい生活をさせることも大切**です。

生後9～10ヵ月くらいになったら、寝る時間や起きる時間、食事の時間、お風呂の時間などを、毎日一定にして、自然

と眠気や食欲がわくようにしてあげるといいでしょう。

朝はカーテンを開けて、おひさまを浴びる。そうすると体内時計がリセットされ、夜にメラトニンという睡眠を誘うホルモンが分泌しやすくなります。

「寝る」「食べる」は、身体づくりの基本です。

上手に習慣づけてあげることで、思春期ごろまで順調に身体が大きくなっていきます。

生まれたときの五感のばらつきとは？

感覚が未熟でも愛情はしっかり届いている

赤ちゃんは、身体と脳を成長させるために、周囲から一生懸命、情報を取り入れようとしています。そのために、五感をフルに使っています。

しかし、生まれた段階では、感覚ごとの発達にばらつきがありますので、以下に説明します。赤ちゃんに接するときの参考にしてください。

【視覚】生まれてすぐは近視で、0・1程度です。ぼんやりとした視界なので、視覚だけではお父さんやお母さんを区別できません。とはいえ、明るい・暗いといったことは感じますし、ほどなく動くものを目で追うくらいはできるようになります。
1歳を超えてくると0・6程度、6歳くらいで1・0くらいまでになります。

【聴覚】胎児のころ（5〜7ヵ月）から発達していますので、お腹のなかにいるときから、刺激を与えてあげることができます。胎児へ話しかけたり、歌を歌ってあげるなど、音を聞かせてあげると喜びます。

【嗅覚】生まれてすぐにお母さんの母乳の匂いを嗅ぎ分けられるように、他の感覚に比べて優れています。腐っているものや食べられないものを本能的に区別する力があるので、香りの強い食べ物や、過度な香水、部屋のなかのフレグランス、柔軟剤などの使用は控えましょう。

【触覚】スキンシップをとても必要としています。赤ちゃんは、抱っこでお母さんやお父さんのぬくもりを感じられると安心します。
スキンシップが多い親に育てられた子どもの脳は、共感したり相手の気持ちを察したりするときに活躍する脳内領域が活発になるというデータもあります。

【味覚】赤ちゃんはかなり味覚が敏感なので、食事は薄味が基本です。離乳食がはじまったら、さまざまな食感を楽しませてあげるといいでしょう。甘い、酸っぱい、辛いといった味覚が鮮明になるのは3歳ごろからなので、それまでは味の濃いものは避けましょう。

赤ちゃんは五感をフルに活用しながら、お母さんやお父さんの行動や感情の変化を敏感に察知して、学習をしています。

赤ちゃんの反応が薄くても、お母さんやお父さんが話しかけたり、スキンシップをしたりすることは、愛情としてしっかりと届いています。

言葉を返してもらうのは嬉しい刺激

ご機嫌の声は「お話しして」のサイン

2ヵ月をすぎてくると、赤ちゃんは「あー」「うー」といった意味を含まない声を発します。これは言葉として何かを伝えたいのではなく、赤ちゃんがご機嫌で音を楽しんでいる状態で、「クーイング」と言います。

最初は気分のいいときに声を出すのですが、声を出しているうちに「自分が声を出せる」ことに気づいていくのです。

赤ちゃんがクーイングしているのがわかったら、積極的に返してあげましょう。

「あー」と言っていたら「あー」、「うー」と言っていたら「うー」。

赤ちゃんは、だんだんと「自分が声を出すと、返事をしてもらえるんだ」ということに気づいて、そのやりとりを楽しむようになります。

また、クーイングは赤ちゃんなりの「お話しして」というサインでもあるので、「**かわいいね」「元気にしてる?**」などと、やさしく話しかけるのもいいでしょう。

赤ちゃんはお母さんやお父さんが話すのをじっと観察していますので、**地道に目を合わせて言葉がけを行い、丁寧に信頼関係を築いていくことが大切**です。

こうした気持ちいいと感じるやりとりが、赤ちゃんの「コミュニケーション能力」や「言語発達」の基礎づくりとなります。

スマホやテレビを見ながらの応答では、効果が半減です。私たちも、人に話しかけたときに生返事をされたら、悲しい気持ちになりますよね。

周りの人を巻き込んで楽しい声かけを

さて、4~5ヵ月をすぎると、身体が成長し、骨格が整ってきて声を出す準備ができてきます。

そして、最初は「あう〜」、もう少し発達すると「ばぶばぶ」といったように、2つ以上の音を組み合わせた「喃語《なんご》」を話すようになってきます。

喃語はとくに意味のある言葉ではありませんが、喃語をたくさん発声することで、声帯や横隔膜《おうかくまく》の使い方を覚えていきます。

すると、大きな声を出せるようになったり、声のトーンに変化をつけられるようになったりするのです。

「眠たい」「お腹がすいた」「なんで抱っこしてくれないの」といった不快な気分が、声や表情に現れるようになるのもこのころです。

言葉を獲得する前段階が、この喃語を話す時期です。

クーイングのときと同様に、赤ちゃんに話しかけると脳への良い刺激となります。お母さんやお父さんだけではなく、おじいちゃん、おばあちゃんなどの周りの人も巻き込んで、たくさんの人たちと触れ合うようにしてみるといいでしょう。

なお、この時期、あまり喃語が出ないからと言って過度の心配は無用です。

言葉の発達はもともと個人差が大きいうえ、大人にも無口な人がいるように、赤ちゃんにも無口なタイプもいるからです。

赤ちゃんは楽しげに声をかけられたり、ボディタッチをされることで刺激を受けるので、焦らず根気よく継続していきましょう。

赤ちゃんはマネっこで育っていきます

気がつけば寝相までそっくり!?

人間は、基本的にマネで成長していく生き物です。
だから、いちばん近くにいる親の影響はとても大きくなります。

赤ちゃんの初期のコミュニケーションは、お母さんからのほほえみにほほえみ返す、というような単純なものです。

この段階では、赤ちゃんが何か伝えようとしているわけではありません。ただ、無意識に笑っている人のマネをしているのです。

しかし、1歳くらいになるまでに、脳の機能は、ほぼ大人と同じくらいになっています。そして、見えたもの、聞こえたものを、積極的に取り入れてマネするようになります。

たとえば、私は鼻の頭をさわるクセがあるのですが、生後6ヵ月後くらいから、私の娘は私と同じように鼻の頭をさわるようになりました。1歳になって、私が「パパのマネをして」と言うと、ちゃんと理解して、同じように鼻をさわってくれました。

また、どういうわけか、寝相まで私とそっくりになってしまい、足で毛布を挟むクセまで同じです。

こんなふうに、**赤ちゃんは、親の話し**

方や食べ方、親自身が気づいていないような何気ない仕草まで、じっと観察して、吸収しようとしています。

親とのコミュニケーションパターンを学習する

このような現象は、ものまね細胞ミラーニューロンの働きによると言われています。猿を使った実験において、実験者である人間がエサをつかみとるのを見た猿は、自分がエサをとったときと同じように脳内細胞が反応していることがわかりました。

この脳内細胞が鏡のようだということで、ミラー（鏡）ニューロン（神経細胞）と名づけられたのです。

実はまだ人間の脳内にミラーニューロンが存在することは確認されていませんが、

「誰かが泣いているとつられて泣いてしまう」
「誰かがあくびをするとあくびが移る」
「誰かが酸っぱい顔をしていると自分もつばが出てくる」

というようなことは、ミラーニューロンによる反応ではないかと推測されています。ミラーニューロンは、新生児のころから機能し、運動だけでなく、目標や意図を理解すること、他者への共感や言語獲得にも大きく寄与していると言われます。

ですから、お母さんやお父さんが赤ちゃんに愛情深く接していくことで、赤ちゃんは他人の心を感じとって共感することができるようになる可能性が高いですし、コミュニケーション能力も向上しやすくなります。

社会的に成熟しながら成長していくためには、周りの大人がどのようなコミュニケーションパターンをとっているかが、とても重要になるのです。

私の娘は、外食のとき、私や妻が食べていて娘に反応しないでいると、隣の席のお客に愛想笑いをします。

隣の席の人も気づいて構ってくれたりするので、それが嬉しいようです。

赤ちゃんなりに「相手が笑ってくれる」ことを想定しているのは、そういうやりとりのパターンを、日常的に親と行っているからです。

まだ話すことができなくても、ふだんの生活の延長上でコミュニケーション能力が育っているのです。

第2章

3歳までの身体を強くする習慣づけとは？

「眠る」「動く」「食べる」の
具体的なやり方

生後3ヵ月から、早寝早起きを意識する

20時をすぎたらおやすみタイム

赤ちゃんの成長には、睡眠が不可欠です。

個人差はありますが、赤ちゃんは1日に、トータルで14時間～16時間ほど眠ります。**眠ることで、赤ちゃんの骨や筋肉の発達を促す成長ホルモンが出ますから、睡眠が少ないと必然的に身体が大きくなりにくくなります。**

また、赤ちゃんの脳内の、神経ネットワーク形成や細胞の修復、記憶の定着にも睡眠が大きな役割を果たしています（東北大学の加齢医学研究所による5～18歳の子どもを対象にした調査では、平日に睡眠時間を十分にとっている子のほうが、脳の「海

馬」という記憶をつかさどる部位の体積が大きいことが明らかになっています)。

ですから、身体づくりのためにも、脳の発達のためにも、十分な睡眠をとらせるよう配慮することが大事です。

生まれたばかりの赤ちゃんは、昼夜に関係なくよく眠ります。

生体時計の調整ホルモンであるメラトニンは、生後3ヵ月くらいから分泌されます。

したがって、生後3ヵ月ごろから少しずつ、朝起きて夜になったら寝るというリズムをつくることが可能になってきます。

〈赤ちゃんの睡眠時間は変化していく〉

月齢	1日の睡眠時間
0〜1ヵ月	16〜18時間
1〜3ヵ月	14〜15時間
3〜6ヵ月	13〜14時間
6〜12ヵ月	11〜13時間
1〜3歳	11〜12時間

※個人差があります。

生後9ヵ月くらいになったら、毎日20時〜21時ごろに眠たくなるのが理想です。

大人の生活リズムに合わせてなかなか寝る時間が安定しないことも多いのですが、これは当然、大人が気をつけてあげるべきことです。

朝日を浴びると情緒が安定する

僕も失敗経験があるのですが、たとえば赤ちゃんをお風呂に入れるのを、夫婦で帰宅が遅いほうの役割にしている場合。

仮にお父さんの帰りが遅いと、赤ちゃんをお風呂に入れるのが遅くなってしまい、その結果赤ちゃんを寝かせるのが遅くなるといったことが起こります。

日中仕事をしていると赤ちゃんと接する時間が少なくなるため、お風呂だけでも帰宅が遅いほうがやろう、というご夫婦は少なくないと思います。

でも、なるべく、赤ちゃんの生活を優先してあげてほしいところです。

寝る時間が遅くなると、起きる時間も遅くなって、1日の生活リズムが太陽の動き

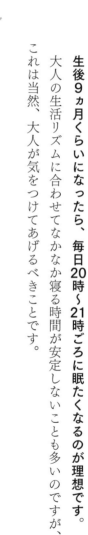

とずれてしまいます。すると、体内時計がリセットされにくくなります。

人間は本来動物ですから、日の出とともに起きて、日が沈んだら寝るのがいちばんです。

規則的に朝日を浴びさせることでセロトニンが分泌され心身が安定し、夜になるとメラトニンが分泌され自然に眠たくなるというサイクルを守ってあげるのが、成長の基本なのです。

赤ちゃんに早寝、早起きの習慣をつけるには、まず、寝る時間と起きる時間を一定にすることです。

夜は20時にふとんに入り、朝は7時ご

ろに目をさますように馴れさせていきます。

また、寝る2時間前から、赤ちゃんがいるところでは液晶はオフにしておきましょう。

赤ちゃんがなかなか眠れない理由として、リビングなどで親が見ているテレビが目に入っている場合もあります。テレビやパソコン、スマートフォンからはブルーライトが出ていて、体内時計のリセットを妨げてしまうのです。

読み聞かせの代わりに、スマホなどで動画を見せたりするのも、寝る前は控えてください。

赤ちゃんの運動神経の育て方

歩くための準備は早くからはじまっている

赤ちゃんは、運動するほど筋肉が発達し、自分の身体を上手に使えるようになってきます。生まれてしばらくたつ赤ちゃんが、ご機嫌で手足をじたばたするのもその練習の一つと言われます。

半年あたりからは、「寝返り→ハイハイ→おすわり→立つ」というふうに、できることが大きく変化していきます。

こうしたプロセスを経る間に、徐々に背中や腰、下半身の筋肉が発達し、歩く準備が整っていくのです（個人差がかなり大きいので、この通りにいかないこともあります)。

あまり動きたがらない赤ちゃんには、お母さんやお父さんが声をかけたりして誘導すると助けになることもありますが、成果は求めないことです。

身体が自然に成長するのを待ちながら、一緒に遊ぶくらいの気軽さでやりましょう。

運動量を増やして速く走れるように

運動をするときのバランス能力は小脳が担っていて、身体が同じ経験を繰り返すことで身についていきます。

このとき獲得される記憶を「手続き記憶」と言います。

手続き記憶では、必要な身体の動かし方だけが残り、どうやってそれができるようになったかというエピソードは忘れ去られてしまいます。

たとえば、自転車は、一度乗れるようになってしまえばその後何年も乗っていなくても、いつでも乗ることができます。これは、自転車の乗り方を「知識」としてではなく、「身体」が覚えているからです。

赤ちゃんの運動も同じなので、よく遊んであげて運動量を増やすことで運動能力が伸びていきます。

また、赤ちゃんのときにたくさん歩かせると、将来走るのが速くなる可能性が高いです。

速く走るための身体の動かし方は、小脳に保管されていると考えられています。

生まれつき小脳の発達がよくて、身体の動かし方が上手な子がいるのは事実であり、そういう子は教えられなくても自然と速く走れるようになったりします。

しかし、赤ちゃんのときに特別小脳が発達していなくても、回数をこなすことで発達を促すことはできますので、親が一緒に運動してあげるといいと思います。

ちょっとした鬼ごっこでもいいですし、公園内をお散歩することでもOKです。

バランス感覚を育てるちょっとしたコツ

バランス感覚を鍛えるには、お母さんやお父さんの腿のうえのような不安定なところに立たせてあげるのは効果的です。私の娘は、小さめのバランスボールを使用したり、バランスディスクを使用して練習しています。

足をもってあげて逆立ちを試してみたりとか、首に十分注意してあげたうえででんぐり返りをさせてみるとかもできます。これくらいなら、体操教室や水泳教室に行かなくてもいいですよね（とはいえ、ケガには十分注意が必要です）。

また、なるべく歩かせる場所に変化をつけるといいと思います。

絨毯、フローリング、砂利道、緩やかな坂道など、いろいろな場所を歩かせてあげると、それだけ多様な刺激があるので、バランス能力を高めるトレーニングになります。

お母さんやお父さんが見ていられないときは、ベビーサークル（赤ちゃんが危険なものに触れたりしないように、動き回っても安全な範囲を囲う、背の低い柵のようなもの）で安全な場所を確保し、動き回れるようにしておいてあげるといいでしょう。

部屋のなかなら、安心してたくさん転べるようにしてあげると親切です。

危険がないように、絨毯のうえにクッション性のあるシートなどを敷いておくと、おそるおそるではなく思い切り動けます。

私の医院には、転んだときに頭や顔を打ちつけてやってくる子どもがよくいます。

以前は、転んだときは手をケガする、あるいは手を骨折する子のほうが多かった印象があります。なぜなら、転ぶときは、通常、反射的に手をついてしまうからです。

しかし、幼いときに思い切り動き回る経験が乏しいと、必然的に転ぶ経験が少なくなり、とっさに手が出にくいのだろうと推測しています（ただし、「転ぶときに手をつく」というのは、小学生や中学生になってからでも、適切な運動をしていれば身につきますので、その点はご心配なく）。

歩くほど、体力とバランス感覚が身につく

家のなかでは転んでもいいように対策を

赤ちゃんが歩きはじめると、親としては成長を実感して嬉しく思うものですが、不安定にちょこちょこ歩く姿を見ていると転んでケガをするのではとヒヤヒヤします。

私は娘が歩けるようになったときから、危なくない範囲でどんどん積極的に歩かせるようにしています。

リビングには転倒してもいいように柔らかいマットを床の上に敷き詰めました。

それと同時に、机や椅子の角を100円均一ショップで手に入れたコーナーガードで保護し、頭や体をぶつけても大きなケガにつながらないように対策しました。

安全に転ぶことも重要な訓練の一つです。

赤ちゃんは、つかまり立ちはだいたい9ヵ月くらいから、つたい歩きは10ヵ月からはじまり、一歳前後で歩きはじめることが多いです（赤ちゃんの身長や体重、成長の度合いなどによって個人差があり、早い子は生後8〜9ヵ月ごろ、遅い子は1歳半ごろと、かなり差があります）。

赤ちゃんにとって歩くことはとても大切で、将来必要な体力やバランス感覚を養ったりすることができます。

さらに、適度に疲れることなので、早寝の習慣をつけやすくなるし、お腹もすきますから、規則正しい生活が身につきやすくなります。

ハーバード大学医学部のジョン・J・レイティ博士の著書によると、運動することによって、脳由来神経栄養因子（BDNF）という物質が脳のなかで分泌され、脳の神経細胞や脳に栄養を送る血管の形成を促すことがわかっています。

そのために必要な運動は、心拍数が少し上がる程度です。

ということは、**日常的に歩かせることは赤ちゃんの脳を育てるのに、理にかなった生活習慣と言えます。**家のなかであれば、ボール遊びやダンスなど、赤ちゃんが楽しんでやれる運動も取り入れてみるといいでしょう。

外に連れ出せば脳がフル回転する

赤ちゃんと一緒に外を歩くと、交通量が多い道路も多いし、目的地に着くのに時間がかかりすぎるので、ついベビーカーに頼ってしまったり、歩ける距離でも自動車や自転車を使うことが多くなります。

ただ、**外に出て歩けば、花が咲いているとか、新しいお店ができたとか、すれ違う人たちもいつもと異なり、家のなかでは出会えない脳への刺激にたくさん出会えます。**

大人が気がつかないことも、赤ちゃんにとっては物珍しく感じてよく見ているものもあります。

お母さんやお父さんが「パン屋さんができたね」とか「公園にすべり台があるよ」とか「あ、かわいい犬が散歩しているね」などと話しかけてあげることも良い刺激になります。

また、毎日同じルートを散歩するだけではなく、たまに違うルートを散歩することを心がけるとさらに脳への刺激が促されることでしょう。

なお、**赤ちゃんの歩ける距離は個人差があるので、徐々により多くの距離を歩けるようにしていきましょう。**

まずは、近所に買い物に行って帰ってくるくらいからはじめて、だんだんと長い距離を歩けるようになれば、体づくりにつながるだけではなく、脳の発達に効果があります。

赤ちゃん目線でお出かけスケジュールを組む

赤ちゃんが興味をもったものに共感する

赤ちゃんの歩行速度に合わせると、目的地へ到達するのに時間がかかるのは当然のことです。大切なのは、「歩かせる」ことを前提としたお出かけのスケジュールを、赤ちゃん中心に組み立てていくことです。

赤ちゃんは、目新しい刺激が好きなので、出かければ道草をくいます。ですから、あまり急かさなくてもいいように、時間に余裕をもたせます。

わが子が駄々をこねたりすると「早くして！」「置いて行っちゃうよ」などと言いたくなりますが、それだと赤ちゃんは外に出かけたり、歩くことに楽しくないイメージをもつようになります。

大人は赤ちゃんのスピードに合わせることを心がけ、「楽しいね」「何か見つけたの」というように、赤ちゃんの気持ちや好奇心に寄り添うように声をかけると、お互いに楽しくなります。

もし、赤ちゃんが途中で疲れたそぶりを見せたら、一時的に抱っこしてあげて、また歩かせるようにするといいでしょう。

「自動車や自転車、ベビーカーを、絶対に使ってはいけない」ということではありません。歩く機会を積極的につくるほうが、赤ちゃんの身体と脳の発達に良い影響があるということです。

家のなかでお風呂までお散歩しよう

なかには、外に連れ出しても、抱っこをせがんだりぐずったりして、あまり歩きたがらない子もいます。

それは、外の世界に馴れていなくて不安になっている可能性もありますし、大人が思っている以上に赤ちゃんが疲れている場合もあります。

赤ちゃんにとって、知らない場所に出かける、知らない人に会うといったことは、緊張を強いられ、ストレスを感じることです（単におむつが濡れている、眠たくなってきたといったケースもあります）。

それを伝える言葉を知らないので、ぐずったりして「ここは楽しくないから、違うところに行きたい」「もう疲れた」「おうちに帰って安心したい」といった自分の気持ちを表現します。

無理強いをするとお出かけに苦手意識が出てくるので、少しずつ馴らしていくのがいいでしょう。

まずは、家のなかで、「お風呂までおててつないでいこう」というところからはじめるのもいいと思います。**「お父さんやお母さんと手をつないで歩く」ことに、楽しいイメージをもたせるように工夫していきましょう。**

赤ちゃんのときから姿勢を良くする

良い姿勢は一生モノ

赤ちゃんについては、姿勢を良くしてあげることも大事です。

姿勢も、手続き記憶として保存しておけることの一つです。

小さなころから姿勢を良くしておけば、一生それを維持しやすいのです。

逆に、大人になってから正そうと思うとなかなか大変です。

姿勢を良くするには、そもそも姿勢を保つための筋力を身につけておく必要があるからです。

実際、スポーツの試合を見ていると、一流の選手はたいていい姿勢がいいですし、子どもの場合も実力のある子ほど姿勢がいいのは明らかです。

前向きで意欲の高い子に育つ

さらに、姿勢を良くすると、脳が「自分に実力がついた」と勘違いして、やる気がわきやすくなるという面もあります。

ハーバード大学の社会心理学者、エイミー・カディ教授は、ボディランゲージ（身振りや手振りなど、身体を利用した意思伝達）が、思想や感情に影響を与えることについて分析しています。

胸を張り、両手を腰にあて、両足を肩より大きく開き大地を踏みしめるポーズで立っているだけで、積極的になり、自信がわいてくる。

また、力強いポーズを2分間継続すると、自信のみなもとであるテストステロンが20％増加し、ストレスを感じるときに分泌されるコルチゾールは40％減少するという実験結果を明らかにしました。

姿勢が本人の精神面に与える影響は大きいので、小さなときから姿勢に気をつけてあげることは重要だと思います。

赤ちゃんが泣いているときも、両腕を上にもちあげて胸をオープンにしてあげると、自然と泣き止むこともあります。

一緒にいるときに骨盤を支えるのも手

では、どうすれば姿勢を良くしてあげられるのでしょうか。

赤ちゃんの姿勢を最初に意識するのは、「おすわり」のときです。

おすわりは、首がすわり、寝返り、ハイハイをするようになった次のステップです。

はじめはごく短い時間のおすわりで、すぐにコロンと倒れてしまいます。

安定したおすわりには筋肉とバランス感覚の発達が不可欠なので、すぐに上手にはできません。

骨盤を支える力がついていないうちは、背中を伸ばしてすわるのは難しいですから、ムリはさせずに身体が成長するのを待つほうがいいでしょう。

必要な条件がそろってくれば、赤ちゃんはだんだん背中を伸ばしておすわりができるようになります。

うちでは、**娘がすわっているときに、骨盤を支えてあげて、正しい姿勢をクセづけるようにしています。**一緒にテレビを見たり、本を読んであげるときに、骨盤が自然と立つように、後ろから腰を支えてお手伝いするのです。

大人になったときに、姿勢のことで悩んだり損をしたりしてほしくないなあという親心です。

また、61ページでバランスボールで遊ぶことを紹介しましたが、これも姿勢を良くするために一役買っていると思います。

これらのかいあってか、今では、立ったり歩いたりするときも、自然と姿勢が良くなっています。

なお、正しい姿勢をクセづけられないまま赤ちゃん期をすぎてしまった場合は、骨盤が自然に立つようにつくられた椅子も売っているので、それを利用するのも一つの手です（参考までに私が監修した椅子を紹介しておきます。http://www.ayur-chair.com/）。鉄は早いうちに打てと言いますが、姿勢にはまさにそれが言えると思います。

筋力の低下で姿勢を保てない子が多数

余談になりますが、私の医院を訪れる子どもたちを見ていると、ここ何年もずっと、姿勢が悪い子が増え続けているように感じています。

昔は、子どもの頭痛は、片頭痛あるいは副鼻腔炎のことが多かったのですが、今は、姿勢の乱れにともなう筋緊張型《きんきんちょう》頭痛が増えてきています。

走り回ることが減り、外で遊ばなくなった結果、筋力が低下して姿勢が悪くなっていることは十分推測できます。

さらに、姿勢を正すように口うるさく注意する大人が減っていることも、原因の一つではないかと思います。

そもそも注意する立場にいる大人も、デジタルデバイスを用いるようになり、長時間下を向いた姿勢でいることが少なくありません。それを間近に見ている子どもは、姿勢が悪いことに違和感をもたなくなります。

お母さんやお父さん自身が正しい姿勢を心がけ、わが子の姿勢に注意を払っていくことがとても大切だと思います。

テレビはどれくらい見せてもいいの？

1時間以上はNG。五感を育むことを優先する

私は、ふだんから赤ちゃんにテレビやスマホを見せることを否定しませんが、やはり注意が必要なことはあります。

見せてもいいのはできれば1歳以降、そして赤ちゃん（とくに2歳まで）に連続して見せてもいい時間は、30分から1時間程度と考えてください。

テレビを長時間見させ続けていると、一方的に情報を受け取るばかりで、自分で考えたり記憶したりする力が身につきにくくなります。

また、「外に出かけたり運動したりする機会」と「お母さんやお父さんと目を合わせ

て触れ合う機会」が少なくなりますので、身体をつくるための運動量や親子のコミュニケーションの機会も減ってしまうのです。

これらはテレビが悪いというより、テレビを見させすぎていることが原因です。基本的に2歳くらいまでは、テレビを見る時間は少なくして、違う遊びをさせたほうが五感をバランス良く鍛えることができます。

遊んでいるときやご飯を食べているときなどは、テレビを消して、集中できる環境をつくってあげましょう。また、テレビに意識が向かないように、ふだんからつけっぱなしにしないように注意も必要です。

赤ちゃんがいる部屋で、赤ちゃんそっちのけで親がテレビに夢中になっていると、赤ちゃんが自己肯定感（自分は大切な存在だと思えること）を育みにくくなるので控えたほうがいいでしょう。

マネをしても大丈夫なコンテンツを選ぼう

スマホやテレビを見せるときは、赤ちゃんが「マネしてもいいコンテンツ」を選んであげることが大事です。幼児向けの番組であったり、踊ったり歌ったりというのであれば、マネしてもほぼ害はありません。

大人が見るような番組で言うと、脳科学的には、赤ちゃんは生身の人間がやり取りしているバラエティ番組に興味をもちやすいです。赤ちゃんなりに、社会や人間関係のようなものを学ぼうとする傾向があるのかもしれません。

でも、現実には、いじめに近いいじり方をしたり、下品なものもあるわけで、そこは親がチェックしておかないといけません。

赤ちゃんのときは前頭葉が未発達で、ものごとの善し悪しや、面白いつまらないという判断ができません。**情報をそのまま受け取ってしまうので、残酷なものやグロテスクなものなど、情動に悪影響のあるようなものはとくに避ける必要があります。**

なお、「うんち」や「おっぱい」など、人前で連呼するのは気が引けるような言葉を好んで使うようになるのは2歳ごろからです。

本人にとって身近ですし、親が「やめなさい」とイヤな顔をするので反応を見るのが面白いのでしょう。一緒に出かけているときなどはちょっと恥ずかしいですが、小学生くらいまではしかたないのかもしれません。

視力の低下は赤ちゃんにも起こる

テレビやスマホを見せるときに気を遣ってあげてほしいのが、「まばたき」をさせることです。

赤ちゃんがジッと画面を見ていたら、ときどき、画面と赤ちゃんの視線の間を、サッと手のひらで横切ってください。それでパチッとまばたきをします。

視力の低下は、赤ちゃんのころから起こります。

現在、小学生の三分の一が、メガネをかけているという統計も出ています。

視力はとくに遺伝的な背景が大きいので、落ちやすい家系と落ちにくい家系があるのは事実です。しかし、小学生の三分の一という数字は遺伝だけでは説明できません。両親ともに1・0以上であっても、その子どもたちはメガネということが少なくないのです。

周りの大人が気をつけてあげてほしいと思います。

将来、低身長で悩まないために知っておくこと

身長は遺伝のみで決まるわけではない

私はかつて、新宿区四谷にある四谷メディカルクリニック（風本真吾院長）の低身長外来に勤務していました。

男性女性に限らず、身長で悩んでいる人は多いものです。

体重は子どもでも大人でも増減できますが、身長は違います。第二次性徴が終わると徐々に骨の成長を司る骨端線が閉鎖するので、身長の伸びは止まってしまうのです。

身長は、一般的には遺伝によると思われがちですが、それ以外の要素に左右される余地もかなりあります。

赤ちゃんのころから親が気をつけてあげることで、日本人の平均身長（男性170・7㎝、女性157・8㎝。2016年）くらいまでは最終身長を伸ばすことができます。

本書は3歳までの赤ちゃんの脳と身体の成長に主眼を置いていますが、身長に関しては4歳になるまでの伸び方が一つの目安となること、またその後の十代においても伸びる時期を逃さないようにするため、少し先の話まで述べさせていただきます。

4歳になるまでに100㎝を越えさせる

風本真吾先生の研究によると、最終身長を予測する大きな手がかりになるポイントは2つあります。

「4歳0ヵ月時点での身長」と**「第二次性徴がいつはじまったか」**です。

まず、人間は生まれたとき50㎝でスタートして、4歳になるまでに100㎝になります。たった4年で一気に倍の身長になるのです。

この時点で100㎝に到達していれば、第二次性徴が早く来ない限り、たいていは順調に背が伸びて平均身長までは到達できます。

具体的には、4歳から第二次性徴までは1年に5〜6㎝ずつ伸び、第二次性徴を迎えると急激に伸び出して、そこから約5年で止まります。

ですから、**第二次性徴が1年早く来ると最終身長は約5㎝低くなり、1年遅くなれば最終身長は約5㎝高くなる計算になります。**

第二次性徴のはじまりは、平均すると、男11歳6か月、女10歳0カ月です。

体の変化は、男性は睾丸が大きくなること、女性は胸がふくらみはじめることです。この時期が訪れると、1年あたりの身長の伸びは、男性は8・7㎝ほど、女性は7・4㎝ほどになり、これが2年間続きます。

その後、男性は声変わりがはじまり、女性は初潮を迎えますが、これらは身長が止まりつつあるサインとなり、ここから約3年間で7〜8㎝伸びて身長は止まります。

一般的に、声変わりがはじまったり、初潮を迎えたりしたタイミングで、急激に背が伸びるものと思われがちですが、実はその2年前にいちばん伸びる時期は終わってしまっているのです。

わが子の思春期のはじまりは、親も気づくのが遅れやすいため注意が必要です。

身体を大きくする食事のポイントとは？

身長を伸ばすには、当たり前ですが、たくさん食べさせることです。

人間も動物ですから食べれば大きくなります。

諸説ありますが、江戸時代の男性では約155㎝と言われています。今の私たちの平均身長は、それからなんと15㎝以上高くなっています。

日本人の場合、人種間の交流は少なくて、ほとんどの人は日本人同士で結婚しますから、この身長の伸びは、遺伝的な変化というよりも食生活の変化に起因していると言えるでしょう。

ですから、しっかり食事をさせることが大事です。赤ちゃんのときから食べることが好きな子になれば、4歳になるまでに身長100㎝はクリアできます。

嫌いな食べ物は、星形やハート型にしてあげると食べられるという子も結構いるので、工夫してあげるといいと思います。

それ以外の食事のポイントを、3つほど挙げておきます。

〈ポイント1〉親がおいしそうに食べる

「一緒に食べる大人の表情によって、子どもたちの食べたい欲求が、好きな食べものと嫌いな食べものそれぞれに対してどのように変わるか」という実験があります。

この実験では、5歳と8歳の子どもたちが対象になっています。

一緒にいる大人がイヤそうな表情で食べていると、子どもたちは好物であっても、食べる気が失せる傾向にありました。一方、大人が嬉しそうな表情で食べていると、子どもたちは苦手な食べ物であっても、食べたくなる傾向がありました。

ですから、子どもが嫌いなものを残してもイライラするのではなく、「おいしい」と言って食べてみせるほうが効果的と言えます。

〈ポイント2〉おやつは肉や魚にする

体重を増やすには、炭水化物と脂質が有効です。

身長を伸ばすには、タンパク質が有効です。

乱暴な言い方をすれば、身長を伸ばすには肉や魚をたくさん食べることです。
おやつもクッキーではなく、唐揚げやソーセージにしてあげればいいわけです。

〈ポイント3〉食事の量を見直す

「うちの子、たくさん食べるのに、ちっとも大きくならないんですよ」とおっしゃるお母さんは、たいていほっそりスリムな体型です。

お子さんは、「そのお母さんから見れば」たくさん食べているのかもしれませんが、他のご家庭と比べると少ないということもあるのです。

子どものスポーツの試合などを見ていると、身体が小さい子どものお弁当箱は、周りの子どもと比べて小さいというのもよくあることです。

一度、ご家庭の食事の量を見直してみることをお勧めします。

思春期が早く来てしまったら……

最後は、思春期が何歳でやってくるかです。

〈身体を大きくする食べ方〉

思春期が終われば身長は止まるのですから、思春期が来るのが遅いほうが背は高くなりやすいです。

赤ちゃんのときから、ちゃんと食事をとっていて低身長になっている人は、思春期が早かった可能性が高いです。

実際、アジア人は早熟で思春期が早く来るため、欧米人より身長が低くなりやすいのです。欧米人はアジア人より、男性であれば約1年、女性であれば約半年、思春期が来るのが遅いのでその分身長が高くなります。

ですから、わが子の思春期が早く来すぎていないか、親は見ていてあげることが大切です。

周りの子より早く思春期が来てしまうと、なかなか人に相談しづらいことでもあり、本人にとって深い悩みの種になってしまうこともあります。

通常より2〜3年ほど早く思春期が来てしまった場合、「思春期早発症」の可能性もあり、それ以上思春期が進まないように治療することもできます。

また、夜更かしをせずに睡眠をたっぷりとることも大切です。

骨の発育を促す成長ホルモンは、眠っているときに出るからです。

さらに、眠っている時に出るメラトニンというホルモンは、性ホルモンの過剰分泌を抑え、思春期が来るのを遅らせる作用があると言われています。

ですから、**たくさん寝たほうが「身長が伸びる＋思春期を遅らせる」の2つの効果が期待できるのです**（日本人が早熟になっているのは、睡眠時間が短くなっているためとも言われています）。

体重や筋肉はあとからでも増やせますが、身長は伸びる時期が限られています。

もし、わが子の身長について気になることがあれば、四谷メディカルクリニックの低身長外来（http://www.medical-salon.co.jp/menu/se.html）をはじめ、専門の医院は全国にありますので、早めに相談にのってもらうことをお勧めします。

第3章

はっ！とした瞬間に頭が良くなる

「興味があること」「嬉しいこと」がどんどん定着していく

「できた!」「わかった!」が脳を成長させる

偶然うまくいった経験が呼び水に

赤ちゃんを見ていると、ときどき「はっ」とびっくりしたような顔で、動きを止めるときがあります。

たとえば、こんなことがないでしょうか。

・〝いないいないばあ〟をして、お母さんの顔を見つけたとき
・街を歩いていて、散歩をしているかわいい犬を見つけたとき
・△、□、○の穴合わせの積み木のパズルで、ガチャガチャぶつけ合ってたたいて

いただけだったのが、偶然積み木がストンと落ちたとき

きっと多くのお母さん、お父さんが、そういう瞬間を目撃されているはずです。
これは、赤ちゃんが次のようなことを認識した瞬間です。

「できてしまった……」
「わかってしまった……」

思いがけずそのことに自分で気づいて、びっくりしているのです。このハッとした顔を私は「ドーパミン顔」と呼んでいます。

嬉しい気持ちがチャレンジのサイクルを早める

このハッとしたとき、赤ちゃんの脳にはドーパミンが大量に出ています。

ドーパミンは脳内で働く神経伝達物質の一つです。

ドーパミンが分泌されると脳は多幸感を感じ、同じような行動を繰り返す意欲が出ます。その結果赤ちゃんは、再度、同じ経験をして学習していきます。

「チャレンジする」↓

「できる、わかる」↓

「ドーパミンが出る」↓

「チャレンジする」

を何度も繰り返すことによって、赤ちゃんはその行動が身についていくわけです。

ですから、「はっ」と気づく「ドーパミン顔」を見せる瞬間が多ければ多いほど、赤ちゃんはたくさんのことを学んでいきます。楽しい刺激を受け、それをもとに行動するという〝出力〟によって、脳に定着していくのです。

お母さんお父さんには、ぜひ赤ちゃんのドーパミン顔をたくさん見つけていただきたいと思います。

なお、「できた」「わかった」という快感によって脳が発達するのは、大人にも同様に起こることです。難しいクイズの回答を考えていて、「わかった!」とひらめく気持ち良さは、誰でも経験があるでしょう。

このとき脳内にはドーパミンが分泌されています。

しかし、その多幸感は長くは続きません。さっと消えてしまうため、私たちは次の問題に取りかかって、また快感を得ようとするのです。

このようなシステムを報酬系と呼びます。私たちの脳は、報酬系という「ご褒美」システムを確立したことによって、新たにさまざまなことを学び続けられるのです。

ドーパミンはそのような学習の強化因子として働いています。

「やってみたい」気持ちを否定しない

ハイハイで興味の幅が一気に広がる

ハイハイやつたい歩きなどで自分で移動できるようになった赤ちゃんは、一気に関心の幅が広くなり、興味のおもむくまま何にでもさわりたがります。

ですから、**赤ちゃんが立ち入るスペースに危険なものがないか、さわられたくないものはないか、先回りで確認しておくことを心がけましょう。**

1歳未満のまだ自我の小さい赤ちゃんは、パッと見で怖そうな雰囲気を出しているものや、明らかに妙な音を出しているものでない限り、「苦手」とか「怖い」とかいう意識はほとんど働きません。

目新しいものは何でも興味をもってさわりたいし、反応を見ようとします。

大人は、高層ビルのうえのほうとか高い場所に行くと、高所恐怖症じゃなくてもちょっとすくむときがありますよね。

今、このガラスが割れたらどうなってしまうんだろうって。

でも、このくらいの赤ちゃんはそんなことありません。

「高い」という概念がないからです。

高層ビルの窓から、外をじっと見つめていたり、手を伸ばしてガラスをガンガンたたくのも平気だったりします。

探索で育つ「自信」と「筋力」

家のなかでは、コンセントをさしたり抜いたり、何かを口に入れては「うえっ」と吐き出したり、引き出しやフタなどを開けようとしたり、食事をぐちゃぐちゃにしたりといったことが起こります。

親としては、次から次へと散らかしたり危険なことをされて困ってしまうのですが、これは赤ちゃんの身体と脳の成長に必要なことです。

自分の力で身の周りにあるものに触れ、自分が影響を与えた結果どうなるのかを体験することによって、赤ちゃんは「できた！」「わかった！」と思う瞬間をたくさん得ることができ、頭のなかには大量のドーパミンが出ます。

それによって自信がつき、もっと知りたいという好奇心が増していきます。

さらに、**家のなかをせわしなく探索して回ることで、手足や指先などに、しっかり筋力がついていきます。**

危険なこと以外は許容する

ここで注意が必要なのは、お母さんやお父さんは、赤ちゃんのこうした行動をどこまで許容すればいいのかです。

結論から言うと、まだ自我が小さい赤ちゃんに対しては、お母さんやお父さんがずっと見ていて、赤ちゃんがいけないことをしたらその都度止めるのが間違いありません。

それより「さわってみたい、動かしてみたい」という赤ちゃんの本能的な気持ちを否定しないように見守ってあげることが大切です。

「ここに入っちゃいけないよ」とルールを決めて伝えていても、1歳未満くらいの赤ちゃんには通じません。

「ダメ」という言葉を教えていれば、「ダメだよ」と言うと一瞬止まることもありますが、結局は入っていってしまいます。

コンセントなんかも「それ抜いちゃダメだよ」と言うとピタっと止まるけど、やっぱり抜いてしまいます。

まだ自我が小さい赤ちゃんは、たまたま視界に入ったものに対して興味が芽生えただけで、お母さんやお父さんを困らせようとしているわけではありません。

危険なこと以外なら、赤ちゃんが何か達成したら、「よくできたね」「楽しかったね」とほめてあげるくらいの余裕をもちたいとことです。

危険なことなら「ダメ」と言ったあとに、抱っこして危険がない場所に移してあげるといいでしょう。

ほめる、しかるの最適なタイミングとは？

ほめられるとさらにドーパミンが出る

何かを達成したらしい赤ちゃんを見て、「今、ドーパミン出ているな」と思ったら、お母さんやお父さんは、すかさず「よくできたね」とほめてあげるといいでしょう。

赤ちゃんは「自分のことを見てくれているんだ」と嬉しい気持ちを感じます。

ちゃんと目を合わせて、スキンシップを取りながら言うのがポイントです。

タイミングが遅れると、赤ちゃんは出来事を覚えていられませんので、その場ですぐほめてあげてください。

ほめられると、さらにドーパミンが出ます。

ドーパミンがたくさん出ている状態を、私は「幸せ脳」と呼んでいます。

私たちは、「できた！」とか「わかった！」と感じると、中脳の腹側被蓋野（快感を得ると活性化する部位）が働き、その刺激が側坐核へと伝わってドーパミンが分泌されます。

すると、物事を判断したり創造的なことを考えたりする前頭葉や、情動の中枢である扁桃体、そして記憶の中枢である海馬へ良い影響をあたえます。

ドーパミンが出ると、快感を得た行動や知見に対応するシナプスが強化されていくため、脳はぐんぐん発達していくのです。

「わざと」悪いことをしたらしつけのチャンス

ただし、**赤ちゃんの場合、「行儀の悪いこと」や「乱暴なこと」をしても、ドーパミンが出てしまうのが困った点です。**

たとえば、お茶碗をひっくり返して周りを汚したり、おもちゃ箱をひっくり返してガチャーンと耳障りな音を出したり、テレビのリモコンを隠して誰かが見つけてくれたり、お母さんをたたいてお母さんが「痛い！」と言ったりすると、その親のリアクションを見てドーパミンが出てしまうのです。

赤ちゃんはゼロからものごとを吸収しており、五感で感じるすべてが学習対象なので、こういった好ましくない体験にも喜びを感じます。

そして、面白がって「わざと」こうした行動をとるようになるのです。

親の立場からすると「勘弁して」と思ってしまいますね。

ただ、これは、やっていいこととダメなことを教えるチャンスとも言えます。

自我が育ってきた赤ちゃんが、自分の意思でやってはいけないことをしたときは、ドーパミンの連鎖を断ち切るのが、赤ちゃんのときに必要なしつけです。

まずは、ほめるときと同様、赤ちゃんと目を合わせましょう。

そのうえで、赤ちゃんの手や腕をぎゅっと握りながら、その場で「汚れるからひっくり返しちゃダメだよ」「痛いからたたいたらダメだよ」と、叱りつけるのではなく、言葉で真剣に伝えます。

同じことをやるたびに、「やってはいけない」ことであることを何度でも繰り返すことが必要です。

継続していくなかで「やっちゃダメなことなんだ」と気づきが出てきて、ドーパミンが分泌され、「やってはいけないこと」への学習が強化されます。

赤ちゃんは、2回や3回言ったからといってすぐにできるようになるわけではないので、何十回でも気長にやっていくことがポイントです。

しかし、赤ちゃんのときからものごとの善し悪しを教えていくことは、社会や周りの人たちとうまくやっていくための大切な基礎になります。

失敗を経験させることも大切

なお、赤ちゃんには失敗を経験させてあげることも大切です。

赤ちゃんが自分でやりたがるけれど、上手にできないことってありますよね。スプーンを上手に使えずにこぼしてしまうとか、いつまでたっても着替えが終わらないといったことです。

こういうとき、親はイライラして怒らないことです。最初はできなくて当たり前なので、「がんばったね」「馴れてないだけだよ」と声をかけてあげるといいでしょう。「うまくいかなかった」という経験は記憶に残りますから、次に同じことをやるときはうまくできる可能性が高まります。するとドーパミンが出て、脳に定着しやすくなるのです。

身体と脳を伸ばす、おもちゃの選び方

家にあるものでも十分面白がる

赤ちゃんにおもちゃを与えるのも、脳の成長を促します。

おもちゃといっても、2歳くらいまでなら、必ずしもお店に売っているような立派なものでなくても、赤ちゃんの好奇心は刺激されます。

リモコンやスマホなどもそうですが、赤ちゃんは、自分が影響を与えることによって、何らかのリアクションがあるものを好む傾向があります。

その点で、さわると音がするものはわかりやすいです。

たとえば、くしゃくしゃっと音がする**スーパーでもらえるビニール袋**などは、赤ちゃんが好きなものの一つです。

一説にはお母さんのお腹のなかにいるときに聞いている音に似ていると言われており、この音で赤ちゃんが泣き止むこともあるほどです（実際には、胎内にいるときには脳のシナプスがつながっていないし、海馬も未発達なので、音を記憶しているとは考えづらいです）。

ただし、「口を結んで、赤ちゃんが袋のなかに頭を入れられないようにしておくこと」「口のなかにビニールを袋を入れないように見ていること」は必須です。いずれも窒息の原因になるので注意してください。

その点では、ビニール袋に空気を入れて口を結び、風船状にして遊ぶと安全です。

また、**紙で遊ぶのもおすすめです**。包装紙や新聞紙など、破りがいのありそうな紙をびりびり破ったり、つまんでみたり、握ってぐしゃっとすると楽しめます。

絵本を見せてあげても、最初は質感を確かめたり、めくったり、破ったりしたがります。ティッシュを箱からじゃんじゃん出すのも、赤ちゃんにとっては快感の大きな遊びです。

これらは、手首から指先までを動かす練習になりますし、手でさわった感覚をたくさん脳にインプットできます。

私たちの脳には、ものをさわったときの硬さとか柔らかさなどの感覚を知るための「感覚野」と、身体を動かすときにそれぞれの筋肉を動かす命令を出す「運動野」があります。

感覚野と運動野には、身体のそれぞれのパーツに対応する領域があります。そのうち、手のひらと指に対応する領域の割合が、感覚野では約四分の一、運動野では約三分の一の広範囲を占めています。

ということは、**手と指を多く使えば使うほど脳の広範囲な神経細胞を活性化することができるというわけなのです。**

うちの娘の場合は、生後10ヵ月くらいから、空のペットボトルがお気に入りでした。振り回したり、バンバンたたいて音を出したりといった、シンプルな遊び方です。

ところが、1歳くらいで突然、フタをはずしてと要求してくるようになりました。ようやくフタの存在に気づいたのです。その瞬間、きっと大量のドーパミンが出たはずです（フタははずしてあげましたが、危ないので渡していません）。

ペットボトルで遊ぶこと自体は、生後4ヵ月ごろから可能です。なかに豆や色紙を丸めたものなどを入れてあげると、転がすたびに音がしたり、なかでモノが動くのが見えたりして良い刺激になります。ペットボトルの中身を口に入れると危険なので、フタは絶対に赤ちゃんが開けられないように工夫しておきましょう。

赤ちゃんは大人がよく使っているものに興味をもちやすいので、他にもこうした身の周りにあるものを危険がないような形でさわらせてあげるといいと思います。

結果が予測できないおもちゃは飽きづらい

一方で、市販のおもちゃも、口のなかに入れても大丈夫な素材でつくってあったり、木のぬくもりを伝えるように配慮したりしているので有効に使いたいものです。

これらのおもちゃは赤ちゃんの五感を育てます。

そして赤ちゃん自身に筋力がついて行動範囲が広がると、おもちゃをもって歩き回ったりするので、手足を動かすトレーニングにもつながっていきます。

生まれたての赤ちゃんは、お母さんやお父さんが近くで音を鳴らしてあげると、じっと聞いていています。また、3ヵ月くらいまでには動くものを目で追うこと（追視）ができるようになるので、ベッドメリーに反応して喜ぶ赤ちゃんは多いですね。

まだ歩くことができない段階でも、赤ちゃんは楽しい情報を欲しています。

身体を動かせるようになってきた赤ちゃんには、ガラガラを渡すとぎゅっと握ったりもします。赤ちゃん用の柔らかいボールも、一緒に転がして遊んであげると、身体を楽しく自然に動かす助けになります。
シールを貼ったりはがしたりするのもいいでしょう。

いろんなおもちゃが売っていますが、**積み木のように、赤ちゃん自身が自由に遊び方を考えられるおもちゃのほうが、飽きずに繰り返し遊ぶ傾向があります。**

赤ちゃんは、10ヵ月を過ぎたあたりから、積み木を重ねたりするようになります。自分が何をするかによって異なる結果が出るので、「できてしまった」「わかってしまった」というドーパミンを分泌させる快感が得られやすいのです。

せっかく積み上げた積み木を崩すこともあると思いますが、決して粗暴だからやっているのではなく、崩れることを発見して遊んでいる段階なのでご安心ください。

また、おもちゃは、できるだけお母さんやお父さんとコミュニケーションをとりながら遊ぶことで高い効果が期待できます。

お母さんやお父さんがちゃんと見ていて、「聞こえた?」「楽しいね」「お母さんにも貸してくれる?」などと声をかけてあげると、赤ちゃんの喜びは大きくなります。

絵本の読み聞かせは、いつからはじめる?

最初はめくったり破ったりが楽しい

読み聞かせは、以前から赤ちゃん教育に利用されています。

認知神経科学者の故・泰羅雅登先生の研究では、読み聞かせによって、喜怒哀楽などの情動を司る大脳辺縁系が発達し、赤ちゃんは豊かな感情を育むことができると言われています。

ですから、早ければ生後1ヵ月くらいでもはじめていいでしょう。

赤ちゃんはお腹のなかにいる胎児のころから聴覚が発達しており、生まれたときからお母さんやお父さんの声はしっかり聞こえているとも言われています。

私は娘の首がすわって視力がついてくる4～5ヵ月ごろになってから、抱っこをして、絵本を見せてあげていました。

そのくらいの赤ちゃんは、絵本が何かまだまだ理解はできません。最初は本が好きというよりも、紙が好きです。ずっとめくって遊んだり、ときには破ったりしますけど、それも含めて絵本の役割と考えています。途中で飽きてしまったら、赤ちゃんの思うままにページをめくらせて、赤ちゃんのペースにまかせておきました。

1～2歳になったら、話の内容を理解してもらうというよりも、親が抑揚をつけて語りかけるような感じを大切にするといいでしょう。

親子の絆を深め、語彙を増やすことが目的

赤ちゃんのときから絵本を読んであげるのは、**「愛情に基づいたコミュニケーション」**と**「語彙を増やすための言葉のインプット」**のためです。

その意味では、必ずしも絵本でなくても「今日は、○○ちゃんは何して遊んだっけ。

楽しかったね」「クマさんとお話してるの？　クマさんなんて言ってる？」などと語りかけるのでもいいでしょう。

日中一緒にいられないなら、パートナーにその日何をしたのか聞いておいて、「今日イチゴ食べたの？　おいしかった？」などと聞いてあげることもできます。

このような語りかけでも、「愛情に基づいたコミュニケーション」と「語彙を増やすための言葉のインプット」は可能です。

では語りかけと読み聞かせの違いはなんでしょうか。

読み聞かせは、普段の会話で使わない言葉を聞かせることができること、絵や文字を目で追うという「親の声以外の刺激」も同時に与えることができます。

赤ちゃんは最初は言葉の意味がわからなくても、「聞いたことがある」状態を繰り返すことで刺激を受け、脳内のシナプスは強化されていきます。

抑揚をつけて読むことで、絵本が好きになる

私の娘が1歳になったころのお気に入りは、『おおきなかぶ』（A・トルストイ・著、

福音館書店）の絵本でした。

小学校1年生の国語の教科書にのっているお話で、1歳児の娘にはストーリーはほとんど理解できていませんでしたが、大好きな理由があったのです。

それは、読み手が抑揚をつけやすいところです。

娘は「**うんとこしょ、どっこいしょ**」とか、「**すっぽーん**」とか、読み手が抑揚をつけやすい部分に強く反応していたのです。そこに身振りをつけて読んであげると、一緒になって「すっぽーん」とマネをします。

こういう抑揚のつけ方は、大げさなくらいにやるほうがいいです。私は、他の

人に見られたら恥ずかしいくらいやっていました。

子ども番組の出演者が、非常にリアクションを大きくして動くのは、あれくらいシンプルにわかりやすくやらないと、子どもへのインプットが難しいからです。

大人は、ワーキングメモリー（作業や動作に必要な情報を一時的に記憶・処理する能力）が発達しているので、言葉で説明されればものごとの前後関係がわかりますが、赤ちゃんはまだ話の内容を理解するのが難しいです。

ですから、**まずは語感を楽しむことで十分です。**

私の娘は、途中で挿絵の動物を指差したり、違うページをめくったりすることが多くて、最後まで物語を読んであげることはなかなかできませんでしたが、「黙って聞いてね」と伝えるよりも、興味を持ったものから会話につなげていくことにしています。

読み聞かせを通じた親子の対話の時間と捉えて、赤ちゃんの好奇心や興味を摘み取らないように心がけています。

読み聞かせで「メタ認知」を育てる方法

将来の生きやすさにつながりやすい

絵本の読み聞かせには、「メタ認知」を育てる効果もあります。

社会と協調性をもつには、メタ認知が必要です。

メタ認知とは、自分のことを客観的に見ることができる能力のことで、頭上からドローンを飛ばし自分をドローン目線で見つめるような感覚のことです。

メタ認知が優れていると、次のようないいことがあります。

・自分の能力を正確に評価できるので、自分の長所や努力すべき点を把握できる

・周りの人に配慮できるため、賛同者を増やしたり、他人との関係性をうまく保つことができる
・問題にぶつかったときに多角的に見ることができるので解決しやすくなる

ゆくゆくこうした能力を身につけていくためには、絵本を見ながら親子で対話をすることが役に立ちます。絵本の登場人物を自分と置き換えながら読む力を鍛えると、メタ認知が育ちやすくなります。

こんな声かけできっかけを増やそう

絵本は、動画と違って、一つひとつの場面を切り取って描写しています。その切り取られた場面を見て、「この絵の男の子は楽しいんだな」とか「こうすると相手は悲しい気持ちになるんだな」とか「隣にお母さんがいるのかな」とか「この線の先は、絵からはみ出てどこまで続くのかな」などと、無意識のうちに推測したりイメージを広げる余地があります。

赤ちゃんが興味をもった絵本があったら、それを見ながら、親のほうから「おさらのうえに、みかんが3こあるね」「緑のねこさんが泣いているよ」「汽車はどこにいくと思う？」などと話しかけてみるといいでしょう。

このとき、主語などを省いたりしないで、文にして話しかけることがポイントです。赤ちゃんが答えるかどうかではなく、まずは**情報を省かずに論理的に〝聞かせる〟ことが大切**なのです。

こうすると、「自分以外のものについて何かを思う」きっかけを、より多くつくってあげられます。

一方、テレビやスマホで見られる動画は非常に楽しいですが、赤ちゃんはその時を楽しむだけで、想像を広げているヒマは少なくなります。集中して静かに見てくれるのはありがたいけれど、流れてくる情報を受け取る一方になりやすいのでご注意を。

どの絵本がいいか悩んだら、定番から入ればいい

赤ちゃんに、どんな絵本を読んであげるのがいいかというと、私自身はなんでもい

いと思っています。

読み聞かせは、読んであげる大人が、片手間ではなくちゃんと赤ちゃんに集中して楽しそうに読んでいるかどうか大事です。

すでに何冊か用意があるのなら、そのなかからあれこれ見せてあげて、赤ちゃんが気に入ったキャラクターや色合いや手触りなどで選べばいいでしょう。

ただ、これから買いそろえる場合は、何を選べばいいのか悩んでしまいますね。

赤ちゃんが好む絵本は、ある程度定番として確立しているものがありますので、最初はそのあたりから選ぶと大きくはずすことはありません。

ファーストブックで言えば、『いないいないばあ』（松谷みよ子・著、同心社）、『じゃあじゃあびりびり』（まついのりこ・著、偕成社）などは、0歳児向けの定番として、書店の児童書売り場には必ずと言っていいほど置いてあります。

赤ちゃんは「顔」に敏感でじーっとよく見るので、顔が動く仕掛けのあるボードブックを気に入る子も多いです。

また、1歳前後になったら、『だるまさんが』（かがくいひろし・作、ブロンズ新社）という絵本がお勧めです（シリーズで3点あります）。

「笑う」とか「手」とかいった概念がわかってくると、赤ちゃんにはとても面白いらしく、うちの娘もよく「読んで」ともってきていました。

他に『しろくまちゃんのほっとけーき』（わかやまけん・著、こぐま社）、『はらぺこあおむし』（エリック＝カール・作、偕成社）、『ねないこ　だれだ』（せなけいこ・著、福音館書店）なども長年人気です。

ロングセラーなので、お母さんやお父さん自身が、赤ちゃんのころに読んでもらっているかもしれませんね。

なお、絵本に関して、赤ちゃんが好む色や絵柄などは、実はまだよくわかっていません。原色を好むだとか、青っぽい淡い色合いのものがいいとか、いくつか説がありますが、人気の絵本にはいろんなパターンがあります。ですから、あまり型にはまらず、いろいろな絵本を見せてあげるのが良いと思います。

早期教育を行うときに親が配慮しておくこと

小さいときから学びの機会を与える？

お母さんもお父さんも、赤ちゃんが生まれたときから、赤ちゃんの成功を願っています。そして、自分が勉強やスポーツなどで苦労した経験を踏まえて、小さいころからどんな教育を受けさせたらいいかと悩むこともあるでしょう。

英語教室、体操教室、スイミング、赤ちゃんのときからさまざまな習い事を受けさせるご家庭も多くなっています。

たしかに、赤ちゃんのころから、外国語の音声を聞かせることで、英語の「L」と「R」が聞き取れるようになるなど、大人になってからでは難しい外国語の聞き取りができやすくなります。また、音楽における絶対音感も6〜7歳くらいまでが身につけやすいと言われています。ですから、早期にさまざまな教育にふれることは、普通に考えれば良いことです。

アメリカのジャーナリスト、マルコム・グラッドウェル氏は著作のなかで、どんな分野でも一万時間ほど没頭すればエキスパートになれるという、「一万時間の法則」を紹介しています。一万時間は、1日3時間ほど取り組むとして約10年かかる計算です。

この法則は賛否がありますが、どんな能力でも身につけるには時間がかかるという目安にはなります。

体操の内村航平選手や卓球の福原愛選手はそれぞれ3歳ごろからはじめたとのことですし、羽生結弦選手は4歳からスケート靴を履いたそうです。

ヴァイオリニストの葉加瀬太郎さんは4歳から教室に通っていました。

社会的な成功をおさめる人はごく一部とはいえ、こうした事例からは、赤ちゃんのうちからスポーツ選手を目指したり音楽家を目指したりすることが、理にかなっていることがうかがえます。

赤ちゃん自身が楽しんでいるならOK

ただし、赤ちゃんにはさまざまな可能性がある一方で、果たしてどの能力に秀でているかを正確に把握するすべはありません。ですから、最初はあまり偏らせないように配慮していけば、いろいろ習い事を経験させることは有効だ思います。

ただし、私はこれまでさまざまなお母さん、お父さんに接してきて、以下の点に注意が必要だと感じています。

・親と赤ちゃんは別の人間

親の過去と、赤ちゃんの早期教育は切り離して考えましょう。

「私は英語が苦手で仕事で苦労したから、英語を身につけさせたい」「スポーツ選手になりたかった夢を、わが子に実現してほしい」といった、親の劣等感や後悔が発端となっている場合、親が知らず知らずのうちに、競争や出来・不出来で子どもを評価しやすくなります。

すると、赤ちゃんは親の顔色をうかがうようになって楽しめなくなったり、「自分は大切な存在だ」と思える自己肯定感をもちにくくなる可能性があります。

・スケジュールに余裕をもたせる

よりたくさんの可能性を伸ばしてあげたいという親心から、時間刻みで塾や習い事を掛けもちするのはNGです。早期教育とは詰め込むことではなく、さまざまことに自然に興味をもたせ、自分の世界を楽しむためのものと考えましょう。

とくに昼寝も含めて、睡眠時間は絶対に削らないことです。食べること、寝ることで身体をつくり、その次が教育です。赤ちゃんを疲弊させないように遊びの範囲でやらせるように心がけるといいでしょう。

赤ちゃんはストレスを溜めやすい一方で、それを言語化して伝える能力がまだ育っていません。早期教育や習い事をさせるときは、ムリをさせないことを第一に考えてほしいと思います。

今、興味のあることを中心にやらせると効果的

がんばっても、身につくのは好きなことだけ

私は、「将来のためになる」ことにこだわらないで、今興味のあることをやらせてあげるのが一つの選択だと考えています。

ふだん使っていない能力に対応するシナプスは、いずれ刈り込まれます。好きではないことムリにやっても身につくには時間がかかりすぎます。

好きなこと、興味をもったことを繰り返しやらせたほうが残るシナプスが多くなります。

とはいえ、赤ちゃんが何が好きなのかはわからないので、最初はいろんなことに触

れさせてあげるのがいいと思います。

音楽であれば、童謡、クラシック、ロックなど、幅広い音楽をきかせてあげたり、クレヨンを与えて好きなように線を描かせたり、手をたたいてリズムを感じさせたりということです。

観察していると、だんだん赤ちゃんの好きなことがわかってきます。

「五感を鍛える」のなら、わざわざ習い事をしなくてもいいですし経済的です（私も、娘に何かすごい才能の片鱗が見えたら習いに行かせるつもりでしたが、今のところその心配はないようです）。

それに、前に述べた通り、赤ちゃんはマネっ子です。

将来身につけてほしいスキルを、お母さんやお父さんが楽しそうに勉強するそぶりを見せれば、赤ちゃんもいずれそれに興味をもつ可能性が高くなります。

発達の早い遅いは将来の学力には無関係

もう一つ、将来のことで言えば、平均より早く言葉がしゃべれるようになったからといって、それで学力が高い子どもになるということはありません。

言葉の早い遅いは個人差が大きいので、多少遅くても気にしなくて大丈夫です。早くから数を覚えたからといって、それと数学的才能がどれくらい関係あるかはわかりません。

未就学の段階であれこれ勉強させたり身につけさせたりしても、中学生くらいになると他の同年代の子どもたちに追いつかれてしまうことがわかっています。

ですから、子どもが幼い時期は、本人の興味がない限りは知識の習得は後回しでい

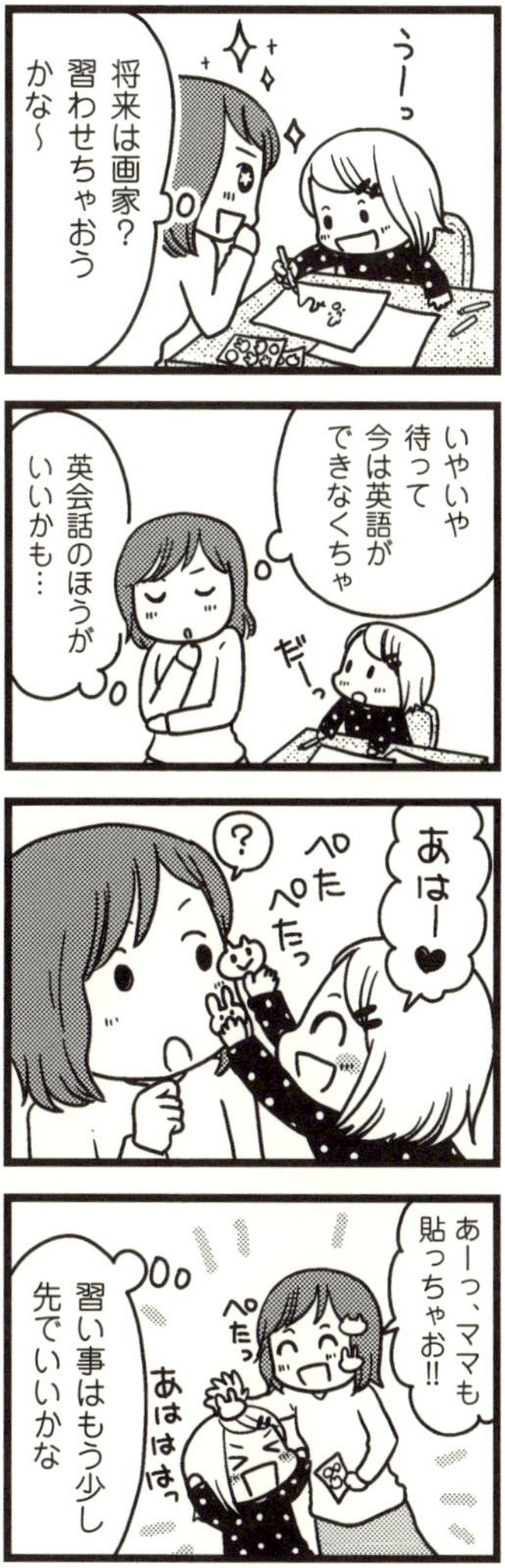

いと思います。

優先順位としては、「規則正しい生活習慣」を身につけること、第1章の冒頭で述べた「3つの土台」につながるインプットを行うことが上です。

ただし、他の子たちより先に知識や経験を得ることによって、学校に通うようになったときに「できない」という劣等感をもたずに済むという面はあります。

得意なことがあると自己肯定感が高まり、子どもの積極性やリーダーシップを引き出すことにつながりますから、読み書き計算などは、本人が興味をもった段階でどんどん教えてあげるといいでしょう（そのころには3歳はすぎていると思いますが）。

テクノロジーの進化によって計算はコンピューターがしてくれますし、漢字を書く機会も減っています。これから計算が必要なくなったり、漢字は読めればいいという世の中になるかもしれませんが、今のところ社会に受験というシステムがあるので、自ら計算したり漢字を書いたりすることは必要です。

受験を乗り越えることも含め、成功体験を積み、自己肯定感を満たしていくことは自信につながります。

第4章

赤ちゃんの自己主張に振り回されないコツ

怖がり、聞きたがり、イヤイヤ…
どう受け止める?

指差しは「見たものを共有したい」サイン

話せなくても、とっくに認識はしている

言葉がうまくしゃべれない赤ちゃんは、「指差し」をすることで周囲とのコミュニケーションをとっています。

赤ちゃんが指差しをはじめるのは、個人差はあるものの、9～10ヵ月くらいです。赤ちゃんの指差しコミュニケーションは、周囲の大人たちが反応してあげることで成り立つものです。

親をはじめとする周りの大人が指差しの意味合いを考えながら反応してあげると、赤ちゃん自身が「自分の言いたいことが伝わった」ことに満足し、コミュニケーショ

ンが成り立ちやすくなります。

赤ちゃんが最初に行う指差しは、興味があるものに対する反応です。

たとえば散歩中に、自分と同じような赤ちゃんを見つけたときや大きな車を見つけたときに、小さい指を必死に伸ばしてアピールします。

お母さんやお父さんは、視線を指先に移して、対象物の名前を言ってあげるのがいいでしょう。

「お友達がいるね」「大きな車だね」と声をかけると「そうなんだよ！　お父さんも見てたんだね」というような顔をします。

「お友達」「車」といった対象物の名前を言うことで、その言葉をインプットしてあげることもできます。

まだ「まんま」くらいしか話せない赤ちゃんに、「ミルクをもってきて」と言うと、ほ乳瓶をもってきてくれることもあります。

自分ではしゃべれなくても、「あれがミルクだ」という認識はできるのです。

少し高度なところでは、頭をぶつけて泣いていたら「痛かったね」、氷にさわったら「冷たいね」などと共感してあげると、「痛い」「冷たい」といった抽象的な言葉の意味も理解しはじめます。

要求はできるだけ受け止めてあげたい

その次に覚えだすのが、要求をするときの指差しです。

離乳食がはじまると徐々にたくさんの食材を食べさせるようになりますが、自分が食べたいものがあればそれを指差して要求するようになります。

おもちゃをとってほしいアピールもありますよね。

要求にはできるだけ応えてあげるようにするといいでしょう。

赤ちゃんにとっては、自己主張ができるようになることは大事なステップです。

お母さんやお父さんがしっかり受け止めてあげることで、「自分は大切にされている」と自己肯定感も育ってきます。

共感によって他者とのつながりを学習する

1歳を超えてくると、自分の興味に対して「お母さんやお父さんにもわかってほしい！」という共感を要求するようになります。

たとえば、テレビから好きな歌が流れてきたりしたら、指差しをしながら喜びますので、周りの大人が「楽しい歌だね」とか「〇〇という歌だね」というように応えてあげるといいでしょう。

そうすることによって、赤ちゃんは他者と自分のつながりを理解し学習していきます。これが、他者の心を推し量る訓練となっていきます。

さらに1歳半を超えると、言葉の理解力も上がってくるので、大人の質問に指差しで答えることができるようになります。

「どっちが食べたい？」とたずねると、指差しで自分の気持を伝えてきます。まさにコミュニケーションをとるようになります。

指差しによるコミュニケーションは、赤ちゃんにとっては自分の話を丁寧に聞いてもらっているのと同じで、この上ない喜びです。

ぜひ適当に流さず、大切にしてあげてください。

苦手なものが出てきたらどうする？

時間がたつと馴れてくることが多い

1歳ごろから、赤ちゃんは、少しずつ言葉らしきものを発しはじめ、近似記憶（数分から数ヵ月保持される記憶）も発達していきます。

「怖い」とか「苦手」とか感じるものが出てくるのもこのころからです。

親の立場からすると「え、それが苦手なの？」という感じで、見ていて面白く感じます。毎日「昨日と何が変わったかな」という目で楽しめるようになってきます。

うちの娘で言えば、それまで普通にさわっていたハチのぬいぐるみを、突然怖がるようになりました。

誰かが「チクっとする」とか言ったり、そういう仕草をしたのかもしれません。どういう経緯かは不明ですが、急に「認識」したのです。

「怖い」という刺激は命に関わるので、長期記憶に保存されやすく、関係のあるものを見たり聞いたりすると恐怖心とともに思い出されるようになります。

このときは1週間ほどそういう状態でした。


しかし、少しすると、また馴れてきて普通にさわることができるようになりました。

こういう傾向を「馴化」と言います。

毎日見ているうちに「何もしてこないハチのぬいぐるみ」という刺激に馴れてしまって、恐怖などの反応が生まれなくなっていくことです。

同じ刺激を受けるたびに、毎回怖がったり驚いたりして、大量のエネルギーを浪費するのは大変です。人間は馴れることでそのエネルギーのロスを防いでいるのです。

赤ちゃんが生活していくうえで、見馴れないものやよくわからないものに出会う確率は大人の比ではありませんから、さまざまなものに「馴れる」というプロセスが不可欠なのです。

「痛い」「怖い」という先入観をなくすには?

また、赤ちゃんが、日常的な習慣に対して苦手意識をもってしまうことも多々あります。

たとえば、私の娘は歯を磨いてあげようとすると、泣きだしてしまいます。歯ブラシをくわえるのは好きなのですが、とくに前歯をごしごしやられるのは、あたって痛いのかイヤがります。

こういう毎日のことは、親が根気よく、やさしく話しかけてあげることが大事です。「気持ちいいねえ」「楽しいねえ」と、話しかけながら磨いてあげてください(もちろん、痛くないように力加減などに気を遣うことも大事です)。

もちろん、これで今日からすぐに赤ちゃんが態度を変えるわけではありません。歯磨きに楽しい雰囲気をつくってあげて、それに馴れさせていきましょう。

「じっとしていなさい!」などと親が癇積を起こしてしまうと、赤ちゃんの歯磨きへの恐怖心や抵抗が強くなってしまって逆効果です。

また、お母さんやお父さんが、楽しそうに歯を磨く姿を見せることも効果がありま す。赤ちゃんは、親がやっていることをよく見ていて、マネしたがるからです。

ドライヤーをイヤがる場合も、「ドライヤー、面白いよ」と言いながら、親がふだんから使っている様子を見せてあげると、赤ちゃんの抵抗が少なくなってきます。

赤ちゃんが何かを「嫌い」「苦手」と認識したときは、ゆっくり馴れる時間をあげてほしいと思います。 大人が「怖くないよ」「痛くないよ」と教えても、赤ちゃんはスイッチを押すように急に変わることはできません。

必要なのは馴れることです。赤ちゃんが何かをイヤがっているときは、脳が「まだ馴れていない」のだと考えていきましょう。

お話できるようになったら質問してみよう

自分で答えを出させると満足度アップ

2歳くらいになると、赤ちゃんは本格的にコミュニケーションがとれるようになってきます（それまでは、ある程度の自己主張はしても、「自分で考える」という点ではまだまだ不安定です）。

赤ちゃんの理解力が向上してくるので、親子のコミュニケーションでは、お母さんやお父さんが「質問」という技を使えるようになってきます。

2～3歳くらいで話せるようになると、お礼を言うことを覚える子は多いですよね。たとえば、おばあちゃんにお菓子をもらったとしましょう。

このときすでにお礼を言える子なら、「ありがとうは？」と言ってお礼を促すよりは、「なんて言うの？」と聞いてあげるといいと思います。

そのほうが、「自分で言えた」という満足度が高くなるからです。

「なんて言うの？」「どうしようか？」というように行動を促すのは、赤ちゃんの脳をより強く刺激する言い方です。

上手にできたら、大人が「上手だね」とほめてあげるとドーパミンが出ます。

間違えても絶対に否定はしない

もし赤ちゃんが親の想定外のことを言ったり、間違えてしまっても、否定しないことが大切です。「違うでしょ」ではなくて、「うーん、そうだったかな？」とやさしく聞いてあげるようにすると、対話が出てきます。

「いくつ？」と聞かれたときに、赤ちゃんが指を2つ出そうか3つ出そうか迷っていても、「指出せたね」「そう、2歳だね」でいいんです。

赤ちゃんとのコミュニケーションで大事なことは、「間違ってもいいんだ」「自分の

考えを言ってもいいんだ」という安心感を与えてあげることです。

失敗したときに「責められた」と感じた子は、成長して羞恥心が芽生えるころになると、自分の考えを言うことを躊躇するようになり、何か聞いても、「なんでもいい」「どっちでもいい」と言うようになります。

失敗することを恥ずかしいと思うようになるからです。

赤ちゃんからの質問の受け止め方

親が質問をして赤ちゃんに考えさせるだけではなく、赤ちゃんからの質問に親が回答するときも注意が必要です。成長するにしたがって、赤ちゃんのほうから、お母さんやお父さんに質問をしてくることも増えます。

言語能力、理解力、記憶力が伸びてくると、自分で聞きたいことを聞けるようになるし、見聞きしたことをぐんぐん吸収していけるようになるからです。

2歳をすぎると、絵本などを見て、何度も同じものを「これなに?」と指差してきたりします。

3歳をすぎると、「ママ、何してるの？」「どうして食べちゃだめなの？」「なんで虫は飛べるの？」など、目につくものが何でも質問の種になってきます。

「なんで」「なんで」と言われると、周りの大人はけっこう大変です。

でも、「昨日も教えたよ」「少し黙ってて」「そんなこと知らないよ」などと突き放してしまうと、赤ちゃんが気軽に質問できなくなってしまいます。

わかることはその場で答えてあげて、わからないことは「どうしてだろうね」「○○ちゃんはどう思う？」「あとで調べてみようか」などとやさしく対応していくといいでしょう。

赤ちゃんの質問は、純粋な疑問もありますが、**「お母さんやお父さんと話したい」「自分を優先してかまってくれるか試したい」**という欲求が根底にあります。

だから、一瞬でも赤ちゃんのほうを向いて疑問を受け止めてあげると、赤ちゃんの自己肯定感が高まり、自信へとつながっていきます。そうするとドーパミンが働いて、前頭葉や脳神経の発達に良い影響があります。

ジャーナリストの池上彰さんは、テレビ番組内で司会をするとき、コメンテーターの質問に対して「いい質問ですね」と前置きをしてから回答してくれます。

だから質問する人は、「そういう疑問をもっていいんだ」と自信がわくのです。

これが、「そんなことも知らないんですか」とか「それは間違った発想ですね」などと言われるようだと、気軽に発言しづらくなってしまいます。

赤ちゃんが見当違いなことを言っても、まずは共感してあげたり、肯定的に受け止めてあげるようにしましょう。

イヤイヤ期は、脳が発達するとおさまる

もともと人間は命令されるのが嫌い

2歳くらいになると、イヤイヤ期が始まります。

イヤイヤ期とは、赤ちゃんの自己主張が強くなり、親が何を言っても「イヤ!」とイヤがる時期のことです。

「靴下をはきなさい」「イヤ!」、「お風呂に入ろう」「イヤ!」、といった具合で、お母さんやお父さんの思い通りにものごとが進まなくなります。

なぜそんなことになってしまうかというと、赤ちゃんは脳の前頭葉というところが未発達だからです。

前頭葉は、本能的な自分の欲求や恐怖心などを押さえ込む役割を担っており、社会に出て周りの人たちとうまくやっていくには、この前頭葉の発達が欠かせません。

もともと人間には、人に「〇〇しなさい」と言われると反射的にイヤがる性質があります。

前頭葉が未発達だと、この本能を押さえ込むことができず、そのまま「イヤ！」と拒否姿勢になってしまいます。

ですから、**抑制機能が育ってくると、イヤイヤ期は自然とおさまる**のです。

事前の約束で「理不尽」と感じさせない工夫を

とはいえ、親の立場からすると、イヤイヤ期真っ最中の赤ちゃんとのコミュニケーションはかなりストレスがあります。

これを緩和するには、一つには事前に約束をすることが挙げられます。

たとえば、パソコンで好きな動画を見せる場合、時計をもってきて「長い針がここまできたら終わりにしようね」というふうに、約束しておきます。

そして、実際にその時間になったら、もう一度時計を見せて「時間になったから、もう終わりね」というように伝えます。

2歳ですから、すぐに理解できるわけではありませんし、やっぱり「イヤ！」と言うかもしれません。

でも、**事前に約束をしているので、納得のいかないことを無理強いされているという感覚が薄れます。**

この繰り返しが、前頭葉を働かせる訓練になるのです。

前頭葉を鍛えることで社会的な協調が生まれてくるので、大切なプロセスです。

〈事前の約束でストレスを減らす〉

自制心は早く身につけたほうが有利になる

この本の対象年齢よりはちょっと上の4歳の子どもたちが対象ですが、マシュマロ・テストという有名な実験があります。

心理学者のウォルター・ミシェルが発案したもので、1960年代後半にスタンフォード大学のビング保育園でテストが繰り返されたものです。

最初は、部屋の机の上に一つマシュマロを置いておきます。

そして、「このマシュマロを、15分食べずにいたら、もう一つあげるよ」と伝えたうえでその部屋に一人きりにした場合、15分後まで食べずにいられた子どもは全体の3分の1でした。

未来に得られるより大きなメリットのために、今の「食べたい」という欲求を抑制できたのは、3人に1人ということです。

そして、20年後に追跡調査をしたところ、マシュマロ・テストに成功した子どもには、次のような現象が見られました。

・肥満が少ない
・ドラッグに手を出す割合が低い
・出世が早かった
・学力試験のスコアが高い

小さいころから自制心を身につけさせると、前頭葉の働きが活発になり、将来の脳力の向上につながることが証明されています。

自制心を養うためには、遊びのなかで「○○させない」ということを積極的に取り入れると効果的です。

たとえば、赤ちゃんが走ったり踊ったりしているときに、急に「ストップ」と声をかけて動きを止めさせる。あるいは、「だるまさんが転んだ」も楽しい遊びです。

一方で、何かと自分の言うことを聞かせようとする高圧的な親や、なんでも手伝ってしまう過干渉の親のもとで育った赤ちゃんは、自制心が育ちにくくなることが多いので注意が必要です。

「具体的に」「共感できる」表現なら伝わりやすい

どう言うかで赤ちゃんの反応は変わる

2歳くらいになると、赤ちゃんには記憶力や理解力がかなりついてきます。

ですから、お母さんやお父さんが赤ちゃんに対して何を言うかだけではなく、「どんな伝え方をしているか」というのが大きく影響してきます。

イヤイヤ期の赤ちゃんは、行動を制限されたり、人に言われて何かをすることに敏感に反応するので、「○○はやめて」とか「○○しなさい」という表現は控えたほうがうまくいきます。

なるべく、「具体的に」「共感したり、楽しくなるような表現」を使って、伝えるようにするのがコツです。

「頭ごなし」や「押しつけ」は混乱させるだけ

たとえば、スーパーや病院などで「走らないで」というふうに、行動を制限されることを、赤ちゃんはイヤがります。

それも、「さっきからダメって言ってるでしょ!」と頭ごなしに言われるほど、「絶対にイヤ!」という強硬な姿勢になってしまうこともあります。

そういう場合は**「危ないから、歩こうね」というように、具体的に何をするべきかを伝えることで、否定されたような気持ちにならずに済みます**(これは、よく小児科の壁にも貼ってある表現です)。

気にいらないことがあって癇癪を起こしているときは、抱っこして小さな声で「小さい声でお話しよっか」と言うとだんだん落ち着いて小さな声になることもあります。

同じことを何度も繰り返している場合なら、「○○のときは、どうするんだっけ?」と質問して、自分で行動を選べるようにしてあげるのもいいでしょう。

お友達をたたいてしまったりするときは、いきなり「こら！」と叱るのではなく、ワンクッション必要です。

まず「おもちゃ貸してほしかったの？」というふうに赤ちゃんの気持ちを代弁したり、共感するような言葉をかけてあげましょう。

赤ちゃんは、まだ自分の気持ちや事情をを正確に伝える言葉を知りません。

ですから、**「気持ちはわかっているよ」**というふうに、**親が受け止めてあげると悲しい気持ちにならずに済みます。**

「理由があるのはわかっているよ」

そのうえで、「でも、たたいたら、○○

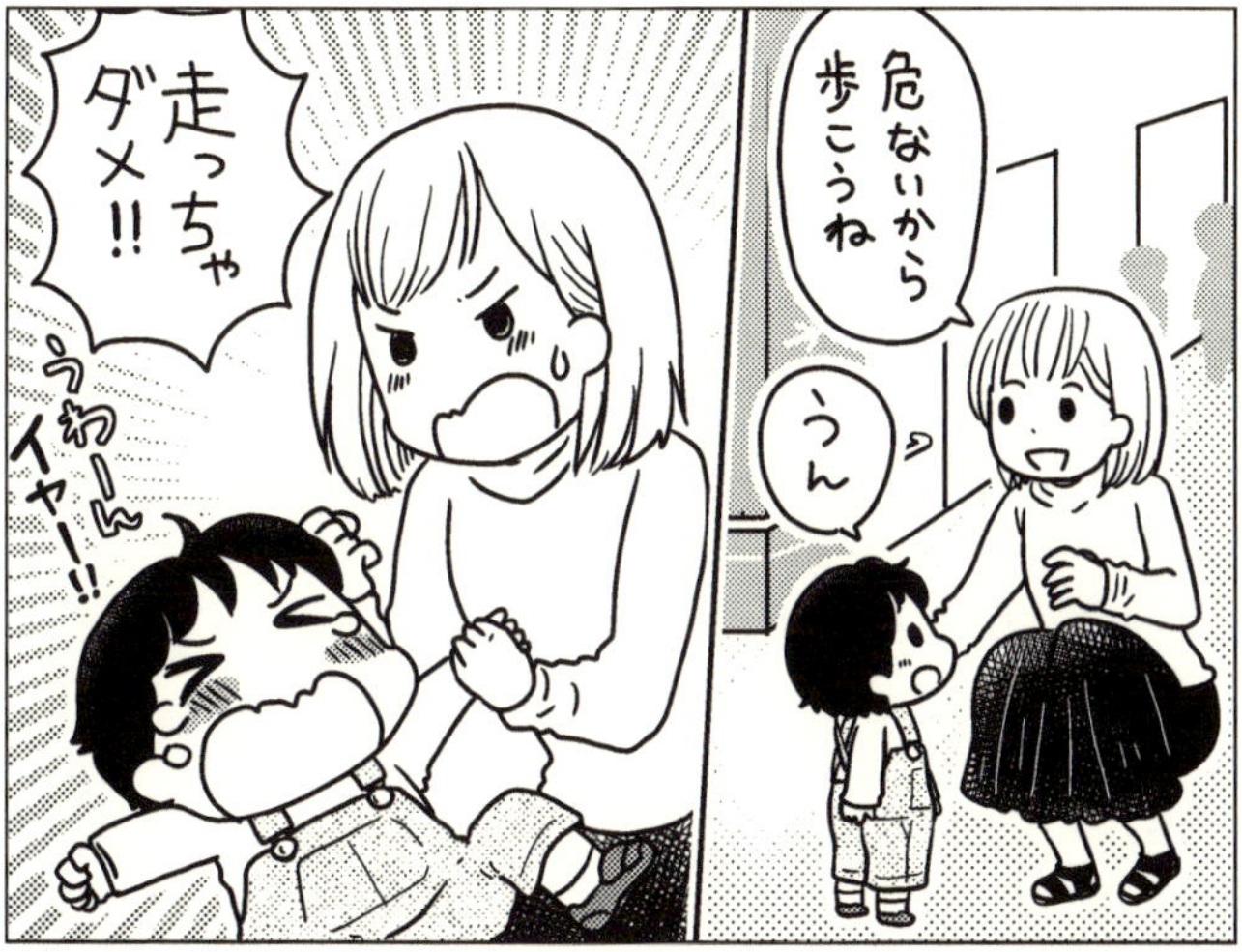

ちゃん痛い痛いだよ」と教えると、赤ちゃんも受け入れやすくなります。押しつけるのではなく、対話を心がけることで、前頭葉が鍛えられ、社会性が発達しやすくなります。

時間の概念が未熟なので「早く」は通用しない

また、食事のように、目的を達成するのに一定の時間を要することに関しては、あらかじめ時間に余裕を持たせることも大事です。

赤ちゃんは、大人と違って所要時間の目安をもたずに行動しますので、未来の予定から逆算することはできません。

大人の考えたスケジュールに合わせて動くのは、とても難しいことなのです。

たとえば、「早く食べなさい」と伝えても、「早く食べる」ということが、赤ちゃんにとってわかりにくかったり、否定されたように感じられている可能性があります。

ですから、小さいときは時間を意識させるのではなく、「りんご、おいしいね」「食べたら一緒に遊ぼう。何がいいかな」というふうに、その場で楽しくなるような表現で行動を促してあげるといいでしょう。

また、赤ちゃんが一つのものごとに集中していられる時間は、ごく短いです。なかなか食べてくれない場合でも、食事は長くても30分までなどと決めておいて、それ以上ムリはさせなくていいと思います。

赤ちゃんに思わずカッとしたら……

厳しくしかると、3つのデメリットがある

赤ちゃんは、1回言ったからといって、すぐにできるようにはなりません。やっていいことと悪いことを教えるには、根気よく伝えていくことが必要です。

とはいえ、赤ちゃんは感覚をインプットをすることが仕事ですから、まったく悪気なく、次から次へと困った行動を引き起こします。

食べ物を投げ落としたり、気に入らないことがあると大きな声を出したり……。そのたびに対応しなければならない親としては、カッとしたり苛立つことも多いもの。

ただし、気をつけたいのは、感情にまかせて厳しくしかりつけることを、継続的に

行わないことです。

赤ちゃんは、ワーキングメモリーが弱いので大抵のことは忘れてしまうのですが、恐怖や痛みのような命に関わる出来事は記憶の仕組み上、ずっと残りやすいからです。

恐怖や痛みの記憶が残ってしまうと、次の３つのデメリットがあります。

〈デメリット①〉親の顔色をうかがうようになること

「お母さんやお父さんに怒られないように」ということが行動基準になってしまうと、思い切り動き回ったり、自己主張したりすることができなくなります。

この年齢であるべきインプットが減ることで、脳の発達が遅れがちになります。

〈デメリット②〉脳が混乱すること

子どもは、恐怖や痛みを感じたときに保護者に助けを求める本能がありますが、その保護者が恐怖を与えてしまうと、子どもは帰るところがなくなってしまいます。

その混乱がストレスとなり、コルチゾールというホルモンを大量に分泌して体を守ろうとします。しかし一方で、このコルチゾールに長期間さらされると、脳の神経細胞の萎縮を引き起こしてしまいます。

〈デメリット③〉「恐怖や痛みを与える以外に問題解決の方法はない」と勘違いしてしまうこと

とくに、たたくなどの体罰を継続的に行っていると、子どもも争いを解決する方法は相手に痛みを与える以外にないと勘違いしてしまいます。すると、将来的に、問題行動が増えたり、友達とうまく関係を築けなくなったりする可能性があります。

自分を責めなくていい。対処法を用意しよう

とはいえ、慌ただしい生活のなかで、聞き分けのない赤ちゃんに感情的にならずに対応するのは、親のほうにもかなり自制心が求められます。

なかには何時間でも泣き続けたり暴れたりして、どうにもならない子もいます。お母さんやお父さんが、思わず赤ちゃんをたたいてしまったりすることもあり得ます。

子育てとは忍耐のいる作業で、わが子が言うことを聞かなかったり、大きな声で泣かれたりすると、「いい加減にして！」と反射的にイライラが芽生えるものです。

私たちのイライラは、大脳辺縁系の暴走で生物学的にしかたないことです。

こうした感情の暴走を理性的にコントロールするのは前頭葉の役割なのですが、そのコントロールには6秒ほどかかると言われています。

ですから、**瞬間的に怒りに支配され「赤ちゃんに手をあげてしまうかもしれない」などと感じたときは、深呼吸をしながら数字を6ほど数えてみてください。**

イライラをかなり抑えることができます。


外出時などに赤ちゃんが興奮して騒いだりすると、周りの目も気になるし、動揺してしまうこともあります。

そういうときには対処法があると多少は安心です。

効果的なのは、「気をそらす」ためのグッズや食べ物を持ち歩くことです。

赤ちゃんは近似記憶が弱いので、好きなものを隠すと泣いてしまいますが、違うことに意識を向けさせてあげると、たいていその前のことは忘れてしまいます。

たとえば、電車のなかでつり革に興味しんしんの赤ちゃんがよくいます。

「あれにさわりたいよ～」という雰囲気でぐずる赤ちゃんに困ったら、「お茶飲む人～？」と声をかけてみると、「はーい」と言ってお茶のほうに意識が向かいます。

あるいは、つり革が見えない方向に顔を向けて抱っこし、ゆらゆら揺らしてしてあげてもいいでしょう。

まだ自我がない、もっと小さい赤ちゃんが泣き出した場合は、抱きしめた状態で「どうしたの？」「眠たくなってきたね」というようにやさしく声をかけると、その場で赤ちゃんが受けているストレスを軽減してあげられます。

お母さんが、赤ちゃんのストレスを吸い取ってあげるようなイメージです。

赤ちゃんはお母さんの声に関心をもつので、落ち着きやすくなります。

第5章

前向きで、人に好かれる子になってほしい！

赤ちゃんのときから
経験量を増やしていこう

自信のみなもと、「自己肯定感」を養おう

親から十分な愛情を得られていることが基本

子どもにとって、自信はとても大切です。

自信がないと、自分から何かにチャレンジしたり、人間関係を築いていったり、ものごとを探求していくといったことが、苦手になるからです。

そのためには、**赤ちゃんのころから「自分には大切にされる価値がある」という自己肯定感を養っておくことです。**

ふだんから赤ちゃんに対して「かわいいね」「大好きだよ」というような言葉がけをしておく。泣いたらすぐに、オムツを替えてあげる、抱っこしてあげることも、愛情

表現になります。

赤ちゃんは、お母さんやお父さんが、どれくらい自分を大事に思っているのか、いつもその言動で推し量っています。

大事にされていないと判断すると、表情に乏しくなったりと反応が鈍くなり、脳の発達も遅れがちになっていきます。大事にされていないということは、五感を鍛える気持ちの良い刺激がほとんどなくなるということです。

赤ちゃんにとって「自分には価値がある」と思える最大の根拠は、お母さんとお父さんに愛されているという事実なのです。

スモールステップの積み重ねを大切にする

また、親の愛情の次に自信につながるのは成功体験です。

フタを開けられたとか、コップで水を飲めたとか、お豆をつまめたとか、そんな小さなことができるようになるたびに、赤ちゃんの脳にはドーパミンが出ます。

赤ちゃんの成長はスモールステップの積み重ねなので、しっかり見ていて小さなことでも「できたね」「良かったね」とほめてあげると、自己肯定感を大きくすることができます。

逆に、失敗を責めてしまうと、のびのびと振る舞うことができなくなります。けなされたり、怒られたりしないように、親の顔色をうかがうようになります。

前にも言いましたが、赤ちゃんは「できない」のではなく「馴れていない」のです。

経験量が多いほどチャレンジへの抵抗が減る

人間には、新規探求性というものがあります。

これは、「新しいことにあまりリスクを気にせずチャレンジできるかどうか」というもので、遺伝的差異があると言われています。

新規探求性が弱い人は、リスクを気にするのでチャレンジに慎重になりやすいです。

新規探求性が強い人は、恐怖より好奇心のほうが勝るので、新しいことにどんどんチャレンジしていきます。

どちらがよりよい人生を送れるかは結果論なので、一概には言えません。

でも、不安定な世の中で有利なのは、「あれはできない、これは怖い、失敗したくない」と言って固まっている人より、変化や進化を恐れずに適応していける人でしょう。

そして、この差異は、経験量で埋めていくことが可能です。

赤ちゃんのときから、お母さん、お父さんにたっぷりの愛情をもらってきた人は、冒険することへの恐れが少なくなる傾向があります。

チャレンジがうまくいかなくても、自分には価値があると信じられるからです。

何かとかまってもらってさまざまな刺激を受けてきたことによって、新しいことに踏み出すことへの恐れは小さくなりやすいのです。

同様の理由で、赤ちゃんのときから、多くの人にかわいがってもらってきた人は、人間に対して物怖じしにくくなります。

赤ちゃんのときは、お母さんやお父さんが、与えてあげられるものが大きいのです。

赤ちゃんの笑顔のメカニズムとは？

周りの人から優しさを引き出すため

生まれたての赤ちゃんにとって、親が与えてくれる愛情は、命綱と言ってもいいものです。ですから、お母さんやお父さんから愛情を引き出すための手段が、生まれたときから身についていると考えられます。

生後0～2ヵ月くらい赤ちゃんは、お母さんやお父さんが笑いかけてくれたからといって、すぐに笑い返すことはできません。

脳が未発達なので、反応できないのです。

しかし、寝ているとき、ふとした拍子に笑顔を見せてくれます。

何かに反応して笑っているのではなく、顔の筋肉が本能的に緩むことによって笑顔に見えているのです。

この現象は、赤ちゃんが笑うことによって周囲が優しくしてくれることを本能的に知っており、自分を守るために起こる現象と言われています。

それほどまでに、赤ちゃんは愛情や安心を求めているわけです。

口角が上がると自然と嬉しくなる

赤ちゃんが自分で笑うのは、2ヵ月をすぎたころです（3〜4ヵ月たってからの場合もあります）。「社会的微笑」といって、赤ちゃんは周囲の人の笑顔（とくに口元）を見ると、それをマネて反射的に笑顔をつくるようになります。

なので、まだお母さんやお父さんの顔を認識して笑っているわけではありません。

でも、赤ちゃんにとって笑うというのは、大切な脳へのインプットの一つです。

笑うと口角が上がります。

この「口角が上がる」という筋肉の動きがインプットされると、脳は「口角が上がっているということは、今、嬉しいんだ、楽しいんだ」と意味づけをします。

すると、赤ちゃんは、笑うたびに、嬉しい、楽しい気持ちになっていきます。

こうした快適な刺激は、赤ちゃんの脳を発達させます。

赤ちゃんは、人の顔の動きにとても敏感です。

大人が大げさに笑顔をつくってあげたり、楽しそうな顔をたくさん見せてあげると、赤ちゃんも顔にしわをつくって笑います。

お母さんの表情で状況を判断している

さらに、赤ちゃんの「視覚的意識」の始まりは、生後5ヵ月ごろと言われています。

視覚的意識とは、何かを見て、「見えたもの」を記憶する能力のことです。

それまでは、今見たものを次の瞬間にはすぐに忘れていたのです。

だから、お母さんやお父さんの顔を何度見ても、その姿を覚えていられませんでした。

でも、5ヵ月くらいから赤ちゃんはお母さんの姿を認識するようになり、「あ、お母さんが笑ってる」とわかるようになっています。

そして、大好きなお母さんが笑うのを見て「今は安心なんだ、良かった」と感じることができると、赤ちゃんも笑顔をつくります。

お母さんの様子を見て状況を判断できるのですから、たいしたものです。

まだ言葉はしゃべれなくても、赤ちゃんはよく観察していて、状況を敏感に感じとっているのです。


なお、見えたものを記憶することができると、見たことのないものに敏感になります。人見知り・場所見知りがはじまるのもこのころです。

そういうときも、お母さんやお父さんなど、赤ちゃんにとって身近な人たちの笑顔が、赤ちゃんの恐怖心や警戒心をやわらげることになります。

スキンシップが好奇心を育てる

抱っこしてもらえるから探索に行ける

赤ちゃんは、お母さんやお父さんにたくさん抱っこされて「信頼のできるあたたかみのある場所を確保できている」と確信できないと、好奇心が育ちません。

ですから、赤ちゃんが「もういいよ、ちょっと遊びに行ってくるね」と抱っこから抜けだしたくなるくらいまで、抱っこをしてあげるといいと思います。

抱っこで愛情満タンになると、その腕から離れて探索に出かけたくなるのです。

でも、あくまでお母さんやお父さんの目が届いている範囲のことです。

隣の部屋に行ってさっきまでと異なる床の感覚に触れるのも、知らない人と接したりするだけでも、赤ちゃんにとっては恐怖体験です。

お母さんやお父さんの姿が見えないところではできません。冒険したら、すぐさまお母さんやお父さんのところに戻りたいのです。

ハイハイができるようになった赤ちゃんは、お母さんやお父さんの姿が見えなくなると、必死になって後追いします。

仮に、赤ちゃんを一人ぼっちで部屋に残しておくと、自分のすでに知っている範囲までしか行けません。その場にじっとしたまま動けなくなってしまうこともあります。

赤ちゃんにとって、目の前に広がる環境は知らないことだらけなので、それほどまでに恐怖心が先行します。

ですから、少しでも不安になると、すぐにお母さんやお父さんに抱っこしてもらおうとします。そうして不安を減らしてあげることで、また恐怖を乗り越えて行動する機会が増え、脳を育んでいくのです。

片方だけなら「ミルク」より「ぬくもり」がほしい

赤ちゃんにとって、スキンシップが何より重要なのは、脳が発達し、将来のコミュニケーション能力を高める基礎づくりになるからでもあります。

アメリカの心理学者であるハリー・ハーロウ博士は赤ちゃん猿を使って、スキンシップの重要性を研究しました。

赤ちゃん猿をかっているゲージに、

・さわり心地が悪い「ミルクが出る鉄製の人形」

・さわり心地が良く適度に保温されている「ミルクが出ない布製の人形」を同時に入れ、どちらの人形により好意を示すか、行動を観察したのです。

その結果、赤ちゃん猿はほとんどの時間を、ミルクが出ないけれどもあたたかな布製人形に抱きついて過ごしました。

この結果から、赤ちゃんにとって布製人形のような安心できるぬくもりが必要であるということが判明しました。

愛情を受けずに育つと、他者の感情がわからなくなる

さらに、この実験結果には続きがあります。

この人形で育った赤ちゃん猿が大人になったときに、普通に母猿に育てられた猿と比較する研究も行われました。

その結果、人形で育てられた猿は、母猿に育てられた猿に比べて、攻撃的で群れになじまなかったのです。

人形で育てられた猿は、創造性や理性を司る前頭葉の発達が悪く、他者の感情を推し量ることができませんでした。

これらのことから、赤ちゃんの社会的な成長にとって、「ぬくもり」と「愛情」がとても重要であることがわかります。愛情を受けずに育つということは、自分の欲求を満たしてもらう機会が、極端に少ないということです。

それだけ脳の発達が遅れ、社会性が乏しくなり、将来の人間関係に支障が出て来る可能性があるのです。

人見知りの赤ちゃんほど興味しんしん!

人に接する経験量を増やしてあげよう

コミュニケーション能力というのは、自然と身につくわけではありません。最初はお母さんやお父さん、そして徐々に人と接する経験量が増えるにしたがって育っていくものです。

私は、散歩がてら赤ちゃんを連れてよく公園に行っています。人がいっぱいいいるのを見ることができるし、話しかけてもらったりとか、同じくらいの年齢のお友達に接する機会もつくってあげたいからです。

自分より小さな子に出会うと、赤ちゃんなりにかわいがろうとしたり何かを教えようとするようなそぶりをすることもあります。

人見知りや場所見知りが激しい子には少しずつ馴らしていく必要がありますが、人と接する機会が多いほど刺激を受けるので脳の発達が良くなります。

コミュニケーションでドーパミンが出るという経験量が多い子は、物怖じしにくくなり、好奇心が旺盛になっていきます。

お母さんやお父さんが赤ちゃんを外に連れ出すのが苦手だったり、あまり人づきあいを好まれない場合は、早い段階で保育園などに入れてプロに任せてしまうのもいいと思います。

最初は、赤ちゃんのほうを見ないようにする

赤ちゃんの人見知りは、5ヵ月くらいにははじまる子もいます。

人見知りというのは、興味と恐怖が綱引きしている状態です。

人見知りの赤ちゃんほど、知らない人に強い警戒心がわく一方で、近づきたいという気持ちも大きい傾向があります。

しかし、まだ馴れていない段階でさわられたりすると、恐怖がぐぐっと勝って大泣きしたりするのです。

赤ちゃんの人見知りをやわらげるには、周りの大人が赤ちゃんの目を見ないようにすることです。

目が合うと、自動的に脳の扁桃体(感情の記憶をできごとに結びつける中枢)が働いて、恐怖を感じます。

視線というのは、本能的に人に恐怖心を与えてしまうのです。

大人の場合は、脳の前頭葉の働きによって「相手が危険ではない」と判断できれば恐怖は抑えられます(とはいえ、大人も初対面では無意識に目線をはずして

いることが多いです。話しているうちに、だんだんと目を合わせられるようになります)。

でも、赤ちゃんは前頭葉が未発達なので、わき上がる恐怖を抑えきれません。

周りの人が赤ちゃんを気にかけないそぶりでいると、赤ちゃんは安心して周りの人を観察できます。赤ちゃんは、相手が自分を見ていないときに、相手のことをじーっと見ているのです。

また、**赤ちゃんは、お母さんの反応を見て、今いる場所が安全かどうか、今目の前にいる人が危険ではないかどうかを判断する傾向もあります。**

ですから、お母さんが仲良く接している人であれば、自分にとっても安全な人であると感じやすくなります。

赤ちゃんが知らない人に会うときは、一緒にいるお母さんがニコニコ友好的に人づきあいをする姿を見せてあげるのも効果的です。

オキシトシンで情緒が安定し、意欲が高まる

親子の信頼関係のモトになる

赤ちゃんに対して、抱っこをしたりやさしく話しかけたりすると、愛情や信頼関係が生まれやすくなります。これは、抱っこをする側の親と、される側の赤ちゃん、お互いに「オキシトシン」が分泌されるからです。

オキシトシンとは、ストレスを和らげたり幸せな気分をもたらしたりするホルモンです。人工的に鼻腔内へオキシトシンをスプレーすると、脳に作用して目の前の相手を無条件に信頼する傾向が強くなることがわかっています。

たとえば、出産時、授乳中、スキンシップやマッサージ、ハグや性交時などに分泌

されます（とくに出産時には大量に分泌され、これによって母親は出産の激しい痛みを乗り越え、わが子を無条件に信頼し愛することができるようになります）。

ですから、授乳をしたり、おむつを交換したり、抱っこをしたり、やさしくマッサージしたり、赤ちゃんのお世話すると、世話をする側のお母さんやお父さんにも、世話をされる側の赤ちゃんにも分泌されます。

オキシトシンがよく分泌された赤ちゃん、すなわち、たくさんの愛情を受けて育った赤ちゃんは表情が明るくなり、情緒が安定し、意欲的になっていきます。

キリキリしながらお世話をしない

ただし、赤ちゃんのお世話は本当に大変なので、精神的に不安定になることもあります。お世話をする人の気持ちがキリキリしていては、オキシトシンの分泌は減少します。できるだけ心の余裕を保てるようにしていくことが大切です。

たとえば、お母さんが母乳の出が悪いことに悩んでいたり、体調的につらいのに夜にムリをして起きるというようなことが続いていたら、母乳をミルクに替えてみるのも一つの手です。ミルクをあげるのならお父さんと分担できますし、お父さんもオキシトシンが分泌されるので、赤ちゃんとの信頼関係が深まります。

「母乳を飲んだ期間が長いほうが知性が向上する」というデータもあります。

これは、最初の数ヵ月は母乳のみ、1歳をすぎても母乳を与え続けると、赤ちゃんの知性と言語能力が向上するというものです。

でも、ゼロか100かしかないわけではありません。

1日1回でもおっぱいをくわえさせてあげれば、良しとしてもいい。

それより、お世話をする親が心に余裕をもち、赤ちゃんに対して愛情たっぷりに接してあげることのほうが、とても大切です。

仲間でない人には厳しくなってしまう一面も

また、オキシトシンには、仲の良くない人には攻撃的になったり、排除しようとする側面もあります。これは、自分の愛するものを守るためです。

ですから、お父さんが思いやりに欠ける態度をとり続けたりすると、お母さんは大切な赤ちゃんを守るために、お父さんにきつい態度になってしまうこともあります。
すると、赤ちゃんの情緒も不安定になってしまいます。
ぜひ、愛情をもって協力することを心がけてほしいと思います。

人間関係の基礎は3歳までにつくられる

すべては親という安全基地があってこそ

ここまで赤ちゃんとのコミュニケーションの大切さを伝えてきました。

では逆に、お母さんやお父さんが、赤ちゃんにあまり積極的に愛情を注がなかった場合、どうなるのでしょうか。

ここまで述べてきたように、赤ちゃんと信頼関係をつくる基本は、よく見つめ合って、たくさんさわってあげて、笑顔で接することにあります。

さらに、抱っこをしたり、おっぱいをあげたり、おむつを替えてあげたりといったお世話によって、お互いに愛情ホルモンのオキシトシンが分泌されます。

こうしてお母さんやお父さんに愛情をたっぷりもらうことで、親と赤ちゃんとの間に安定した絆が形成されていくのです。

赤ちゃんは「ここにいれば、自分は守られている」と実感できます。

しかし、こうしたふれあいが足りていないと、赤ちゃんはお母さんやお父さんとの結びつきを感じづらくなります。

赤ちゃんと一緒にいるのに親がスマホばかり見ているとか、いくら泣いても放っておかれているといった状態が普通になっていると、赤ちゃんは自分が大切にされていないことを感じとり、親に愛情を期待するのをやめてしまいます。

親に愛情を期待しなくなった赤ちゃんは、お母さんやお父さんに安心して甘えることができず、親を慕ったり助けを求めて泣くことも少なくなります。

これを「手のかからない赤ちゃん」と言ってしまうのは早計です。

実際には赤ちゃんのなかで「親にとって自分は大切な存在だ」という自己肯定感が育たず、とても不安定な状態にあるのです。

一緒にいるだけでは「距離感」が身につかない

電車のなかを見回すと、左手で子どもの手をつなぎ、右手でスマホを熱心にいじっている親が多いことに気づきます。

おそらく、自宅のソファーでも同じような光景が繰り広げられているのでしょう。

お母さんやお父さんが、赤ちゃんと遊ぶよりも、SNSやソーシャルゲームに没頭していると、赤ちゃんの自己肯定感が育たないだけでなく、言語能力の発達を遅らせることにつながります。

南カリフォルニア大学(USC)が2017年4月におこなった調査で、「母親か父親が、自分よりモバイル機器を大事にしていると時々感じることがある」と答えた子どもの比率を見ると、日本の子どもは20%、アメリカの子どもは6%が「はい」と回答したそうです。

日本の子どもは、アメリカの子どもに比べて約3倍も、「親は自分よりスマホが大事だと思っているのではないか」と考えているようです。

これは子どもにとって、とても不幸なことです。

親のほうに悪気はなくても、このように親との結びつきが薄い環境で育つと、赤ちゃんは人との距離感がわかりにくくなり、将来、人間関係の構築がうまくいきづらくなる可能性が高まります。

3歳くらいまでの親との関係がその後の人間関係づくりに影響すると言われており、親は赤ちゃんの安全基地としての役割を、しっかりと果たしていくことが必要です。

周りを頼ることも親の大切なスキル

さらに、赤ちゃんがお母さんやお父さんから愛情を得られていない状態は、脳にもダメージを与えます。

不安を感じる環境に置かれるなどストレスを受けると、コルチゾールというストレスホルモンが分泌されます。コルチゾールは、ストレスがかかる非常事態に対応するために分泌されるホルモンです。

しかし、その一方で、脳の神経細胞にダメージを与えて、脳の司令塔である前頭葉を萎縮させてしまいます。前頭葉が小さくなると、思考を妨げ、自分の感情を抑制するのが難しくなってしまうのです。

福井大学の友田明美教授によると、ネグレクトや虐待などを経験している子どもには、前頭葉が小さくなる傾向が見られるそうです。

さらに「暴言により聴覚野が変形して、聞こえにくくなったり、コミュニケーションが上手にとれなくなったりする」「家庭内暴力などを見ると視覚野が小さくなって、他人の表情がわかりにくくなり、対人関係がうまくいきにくくなる」といったこともわかってきているそうです。

赤ちゃんが暴力的な言動にさらされることは、私たちが思っている以上に深刻な事態を引き起こすと言えます。赤ちゃんが良くない環境に置かれている場合は、親や周りの大人が少しでも早くそこから引き離さなければなりません。

難しい場合は、自分だけで抱え込まずに、周りの人や施設などに助けを求めることが肝心です。

〈本書に出てきた主な赤ちゃんができること月齢表〉

1ヵ月	【読み聞かせ】読んでもらった音を寝ながら楽しむ
2ヵ月	声を出すようになり、親とのやりとりを楽しむ
3ヵ月	夜に寝て朝起きるリズムをつくる準備ができてくる
3ヵ月	ベッドメリーを目で追うようになる
4ヵ月	ペットボトルを転がしたりして遊べるようになる
5ヵ月	見たものを記憶できるようになってくる
5ヵ月	骨盤を支えてすわらせられる（おすわりができるようになったら）
5ヵ月	バランスボールで遊ぶ（おすわりができるようになったら）
5ヵ月	【読み聞かせ】後ろから抱っこして一緒に絵本を見る
5ヵ月	【読み聞かせ】メタ認知を育てる対話をはじめていく
6ヵ月	親のマネをするようになる
6ヵ月	ビニール袋の風船で遊べるようになる
8ヵ月	周囲を探索しようとする（ハイハイができるようになったら）
8ヵ月	小さなものをつまめる（豆をつまむ、シールをはがすなど）
8ヵ月	紙を破るなどして遊べるようになる
9ヵ月	親の腿のうえに立つ（つかまり立ちができるようになったら）
9ヵ月	指差しで他者とものごとを共有しようとする
10ヵ月	積み木を重ねるようになる
10ヵ月	お礼や挨拶のまねごとができる
11ヵ月	クレヨンを握って描くことができる
12ヵ月	親に支えられて逆立ちのポーズができる
12ヵ月	親に支えられて前方にでんぐり返りができる
12ヵ月	1時間以内ならテレビやスマホを見せてもOK
1歳	ひとり歩きができる
1歳	親とボールで遊ぶことができる
1歳半	走ることができる
1歳半	シールを貼ることを楽しむようになる
1歳半	「ストップ」という声に反応して動きを止められる
2歳	「○○したら××しようね」と約束できる（イヤイヤ期）
2歳	絵本や図鑑などを指差して「これ何」と聞くようになる
3歳	「なんで」「どうして」とさまざまな質問をするようになる

※個人差があります。

おわりに

「子どもの将来の成功は、遺伝子による部分が大きいのか、それともあまり関係ないのか」という議論がよくなされます。

脳科学の専門家の立場から言わせてもらえば、遺伝子だけで子どもの将来が決まってしまうようなことはないし、変えることのできない運命のようなものではありません。

私がときどき言うのは「バケツの理論」です。

誰でも何かしらの「才能（生まれつきの素質）」というバケツをもっていて、そのバケツの大きさは遺伝子によって大きい小さいがあるのは事実です。

でも、才能が開花するためには、そのバケツに努力という水を注ぐ必要があります。

たとえば、せっかく足が速いという才能をもっている人でも、継続的に努力をしていかなければ、いずれその才能は周りの人たちに埋もれてしまいます。

一方で、もともとは走るのが遅い人でも、努力を重ねていけば、少なくともその分は速く走れるようになるのです。

バケツに水を満杯に入れた人同士の勝負なら、バケツの大小で勝負は決まってしまうかもしれません。

しかし、私達の生活している社会では、だれもがバケツに満杯に水を入れているわけではありません。むしろ、そのような人は少数派なので、たいていの人には伸びしろという成長余地があります。

ですから、将来の成功には、持ち前の才能に対してどれだけ努力をしてきたかが、大きく影響します。

私たち親にできることは、わが子を「バケツに水を入れることをいとわない」人間に育てていくことなのです。

とはいえ、本書で言及している0～3歳の赤ちゃんは、まだ身体も知性も心も未発達であり、自分の意思で具体的な努力をすることはできません。

そこで本書では、親のほうで赤ちゃんのバケツに少しだけ水を入れてあげるコツを書いてきました。

わが子の人生の最初期に何かしてあげられるなら、なるべく良いスタートを切らせてあげたいというのは親がもつ共通の願いです。

もちろん、子どもには子どもの人生があり、外部からもさまざまな影響を受けますので、必ずしも順風満帆とはいかないかもしれません。

でも、親から与えられた健全な土台があるかないかで、子どもの生きやすさは大きく変わります。

20年前と今の価値観がかなり変わってきているように、今の赤ちゃんが大人になる20年後にも、今とは異なる価値観の世界になっている可能性は高いです。

そのときの状況に合わせて、柔軟に最善の努力ができるように育てるのが親の目標です。

子どもにとって大事なのは、自分の望む方向へ継続して努力ができ、他人と比較することではなく自らの頭で考え行動できるようになることです。

そう育てることができれば、どんな世の中になっても、どんなにテクノロジーが進歩しようとも、生きていく術を身につけることができるでしょう。

どんな人でも、子育ての素人からはじまります。

うまくいかないことがあっても、子育てに「馴れていない」だけです。

わが子の日々の変化や成長を楽しみながら、一緒に成長していけることも、親の醍醐味だと思います。

菅原道仁

参考資料

『はじめてママ&パパのしつけと育脳』成田奈緒子・監修　主婦の友社
『お医者さんが教えるわが子の背を伸ばす本』風本真吾・著　サンクチュアリ出版
『脳には妙なクセがある』池谷裕二・著　新潮社
『0~3歳までのこれで安心子育てハッピーアドバイス』明橋大二・著　1万年堂出版
『子どもの脳を傷つける親たち』友田明美・著　NHK出版

〈著者紹介〉

菅原道仁（すがわら・みちひと）

脳神経外科医。菅原脳神経外科クリニック院長。1970年生まれ。
杏林大学医学部卒業後、クモ膜下出血や脳梗塞などの緊急脳疾患専門医として国立国際医療研究センターに勤務。2000年、救急から在宅まで一貫した医療を提供できる医療システムの構築を目指し、脳神経外科専門の八王子・北原国際病院に15年間勤務。その診療経験をもとに「人生目標から考える医療」のスタイルを確立、心や生き方までをサポートする医療を行う。
2015年、八王子に菅原脳神経外科クリニックを開院。「人生を楽しみながら目標達成するための医療」をモットーに、日々診療にあたっている。脳のしくみについてのわかりやすい解説は好評で、テレビ出演多数。著書に『そのお金のムダづかい、やめられます』(文響社)、『なぜ、脳はそれを嫌がるのか？』(サンマーク出版)、『成功の食事法』(ポプラ社)などがある。

0～3歳の成長と発達にフィット
赤ちゃんの未来をよりよくする育て方

2018年4月24日　第1刷発行

著　者――――菅原道仁
発行者――――八谷智範
発行所――株式会社すばる舎リンケージ
〒170-0013　東京都豊島区東池袋3-9-7　東池袋織本ビル1階
TEL 03-6907-7827　FAX 03-6907-7877
URL http://www.subarusya-linkage.jp/
発売元――株式会社すばる舎
〒170-0013　東京都豊島区東池袋3-9-7　東池袋織本ビル
TEL 03-3981-8651（代表）
03-3981-0767（営業部直通）
振替 00140-7-116563
URL http://www.subarusya.jp/
印　刷――ベクトル印刷株式会社

落丁・乱丁本はお取り替えいたします

ISBN978-4-7991-0702-7